维多利亚女王传

〔英〕利顿·斯特莱切　著

张　开　孟　欢　译

江苏凤凰文艺出版社
JIANGSU PHOENIX LITERATURE AND
ART PUBLISHING

图书在版编目 (CIP) 数据

维多利亚女王传 / (英) 利顿·斯特莱切
（Lytton Strachey）著；张开，孟欢译 . —— 南京：
江苏凤凰文艺出版社，2024.5
ISBN 978-7-5594-8461-1

Ⅰ．①维…　Ⅱ．①利…②张…③孟…　Ⅲ．①维多利
亚女王 (Victria 1819-1901)—传记　Ⅳ．① K835.617=43

中国国家版本馆 CIP 数据核字（2024）第 008723 号

维多利亚女王传

[英] 利顿·斯特莱切　著　张开　孟欢　译

出 版 人　张在健
责任编辑　张恩东
装帧设计　融蓝文化
责任印制　杨　丹
出版发行　江苏凤凰文艺出版社
　　　　　南京市中央路 165 号，邮编：210009
网　　址　http://www.jswenyi.com
印　　刷　南京新洲印刷有限公司
开　　本　880 毫米 × 1230 毫米　1/32
印　　张　10
字　　数　191 千字
版　　次　2024 年 5 月第 1 版
印　　次　2024 年 5 月第 1 次印刷
书　　号　ISBN 978-7-5594-8461-1
定　　价　49.80 元

江苏凤凰文艺版图书凡印刷、装订错误，可向出版社调换，联系电话 025-83280257
如对内容有意见或建议，可向编辑部反馈，联系电话 025-83280207

献给

弗言尼亚·伍尔夫

著者声明

本书所陈重要事实皆有据可查，于注释中一一标明。所参阅之书目题名列于书末参考书目。

著者幸蒙大英博物馆董事会特许，得格雷维尔回忆录未刊手稿之若干文段一览，感激之至。

目 录 *contents*

001 | 第一章　往事

019 | 第二章　童年

049 | 第三章　梅尔木爵爷

095 | 第四章　婚姻

145 | 第五章　帕默斯顿爵爷

179 | 第六章　阿尔伯特的晚年岁月

211 | 第七章　孀居生活

235 | 第八章　格莱斯顿先生与比肯斯菲尔德勋爵

265 | 第九章　晚年生活

301 | 第十章　尾声

Charpter I

第一章　往事

第一节

在1817年10月6日那天，摄政王唯一的女儿，也是英格兰王位的继承人，夏洛蒂公主去世了。她短暂的一生过得并不快乐。她性格急躁、任性，容易激动，她渴望获得自由，然而却从未与自由谋面。她在纷争不断的家庭氛围中长大，母亲声名狼藉、性格古怪，后来她离开了母亲，由同样名声不佳的父亲抚养。当夏洛蒂十七岁的时候，摄政王打算将她嫁给奥伦治公子。起初，她应允了，不料后来却突然爱上奥古斯都王子。她便决定要解除婚约。这已经不是她的初恋，她以前还曾与赫斯大尉暗通尺素。奥古斯都王子已经与一个庶民结了婚，但是夏洛蒂并不知情，王子也不告诉她。当她还在与奥伦治公子不断地讨价还价时，同盟军于1814年的6月抵达了伦敦，庆祝他们的胜利。在沙皇俄国的随行之中，有一位来自萨克斯科堡的英俊王子，他叫利欧波德。他多次试图引起公主的注意，可公主的芳心已另有所属，对他几乎不感兴趣。下个月，摄政王意外发现了他的女儿在与奥古斯都王子秘密幽会，他介入此事，解雇了公主的随从，并将她软禁在温莎花园里。"上帝赐给我点耐心吧！"她双膝跪地，充满愤怒和苦闷地大声呼喊。然后，她跳了起来，走下屋后的楼梯，并朝街上跑去。她搭上了一辆马车，逃到了她母亲在贝斯沃特的住所。她的出逃被发现了。最终，她听从了她的叔父约克和赛赛克斯公爵、白鲁谟以及索利兹伯里的劝说，在凌晨两点返回了卡尔登府。她被幽禁在温莎花园，从此再也没有听到过关于她和奥兰治王子的事。而奥古斯都王子也一样，从此消失了。通往婚姻的路最终延伸到了来自萨克斯科堡的利欧波德脚下。

这位王子聪明而圆滑，能够令摄政王满意，并且给大臣们留下了好印象，此外他还和公主的另外一位叔父肯特公爵成了朋友。通过公爵，他得以和公主私下往来。至于公主，现在已经声称利欧波德是她幸福的源泉。在滑铁卢战役之后，他虽然人在巴黎，但是肯特的副官成了为他们二人传递信件的青鸟。在1816年1月，他受邀来到英格兰，并且在同年5月与公主成婚。

在性格方面，利欧波德王子与他的妻子大相径庭。作为日耳曼诸侯的年轻幼子，他当时只有二十六岁。他参加过反抗拿破仑的战争，表现不错；他也曾在"维也纳会议"上展示过外交才能。目前最棘手的任务是要驯服这位脾气暴躁的公主。他冷静、知礼节、谨言慎行，很快就驯服了身边这只小兽。他发现在公主身上，有很多方面他都不赞同。她多疑并且总是狂笑。她很少严格要求自己，然而谨言慎行对于一个公主来说是必备的。她的行为遭人厌恶。对于礼数，利欧波德王子称得上是个鉴赏家，正如他多年以后向自己的外甥女解释的那样，他出席过欧洲最著名的场合，确实是法国人所谓的"场面上的人物"。他和公主摩擦不断，然而每一次都以同样的方式告终。公主像个穿着短裙的叛逆女孩儿一样站在他面前，身体前倾，双手背在身后，面色绯红、眼光闪烁，向王子保证，他想让她做什么，她都乐意听命。她会这样说，"只要你高兴，我就去做，我可不是为了自己"。他每次都回答，"我勉强你做些什么的时候，那都是为你着想"。

这对王室夫妻居住在艾修附近的克莱里蒙，他们的随从中，有一个年轻的日耳曼医生——克里斯丁·弗里德曼·史多克玛。他的父亲是科堡地区的小官员，自从他以随军医护人员的身份参加了战争之后，他便在家乡落户做了医生。在那里，他遇到了利欧波德王子。王子被他的能力折服，在成婚时，将他作为私人医生带到了英格兰。奇特的命运在等待着这个男人，未来为他预留了丰富的东西——势力、权力、神秘、不幸和一颗破碎的心灵。在克莱里蒙，他身份卑微。但公主很喜欢他，称他为"史多基"，经常和他在走廊上嬉戏。史多克玛消化不良，性格忧郁，但有时也很活泼，被称为科堡的智者。他很善良，对王室家庭从不吝惜赞美。"我的主人，"他在日记中写道，"是世界七大洲最好的丈夫，他的妻子对他心怀爱意，爱意之大只有英国的国债可以与之比拟。"不久，他证明了自己另外一种品质——这种品质为他此生增加了睿智的色彩。1817年的春天，公主怀孕了，他被聘为公主的随行医生，但是他却拒绝了。他冥冥之中觉得他的同僚会嫉妒他，他的建议不会被接受。但是，万一发生什么错误，他作为一个外国医生一定难辞其咎。不久，他意识到节食和放血的疗法对可怜的公主来说是个极大的错误。他把王子叫到一旁，请求王子将他的想法告诉那些英国医生。但是，他的建言没有被采纳。这种流行瘦身治疗继续持续了几个月。在10月5日晚上的九点钟，经过长达五十个小时的阵痛后，公主产下了一名死去的男婴。临近午夜，她已经筋疲力尽。最后，史多克玛决定来看看她。他走进来，看到医生让她喝酒使她麻醉时，她已经快不行了。公主用力抓住他的手。"他们企图灌醉我。"她说。他刚离开她，走进旁边的屋子，就听到公主大声地呼喊："史多基！史多基！"当他回过头来看她时，听到她嗓子里发出死亡的声响。公主奋力从这边滚到那边，突然间四肢变得僵硬，她的生命到此结束了。

看了几个小时之后，王子离开了产房打算休息一下。然而，史多克玛告诉他，他的妻子去世了。一时间，他甚至没有搞明白究竟发生了什么。在回产房的路上，他瘫倒在沙发里，史多克玛跪在他的膝边，他说"这全都是梦，这不可能是真的"。最后，他扑倒在公主的床边，亲吻她冰凉的双手。继而站起身，大声喊着"我现在孤独无助极了，请不要离开我"，他紧紧抱住了史多克玛。

第二节

　　克莱里蒙刚发生了这样的悲剧。王室的万花筒突然再次转动了，没人知道命运接下来会如何安排。王位的继承问题上依然笼罩着一团疑云。

　　乔治三世还活着，他年事已高，还有些疯癫，一直住在温莎花园里，对世事不管不问。至于他的七个儿子，最年轻的那个也已经人过中年，而且所有子嗣都没有合法的后代。因此，王室的未来依然模糊不清。而且当时的摄政王患有肥胖症，即使他离婚并再婚，也不可能再生育了。王位迟早要空出来。除了肯特公爵以外，这些兄弟按从长到幼的顺序排列，分别是约克、克莱伦斯、坎伯兰、苏塞克斯和剑桥爵爷。约克公爵过去和克拉克夫人的放荡行为以及他在战争中的做法给他惹了一身麻烦。他平日的生活一半住在伦敦，一半在乡村一间华而不实的别墅里度过。他常去赛马、打牌、看不正经的小说来消磨时日。在几位王子中，他是唯一一个有绅士情趣的人。他早就娶了普鲁士的公主，这位公主极少睡觉，总是爱拿一堆小狗、鹦鹉和猴子来取乐。他们没有子嗣。克莱伦斯公爵和身为女演员的约旦夫人曾在蒲谢园里默默无闻地生活了多年。二人有一个儿女双全的大家庭，表面来看他们已有了婚姻之实。但是，克莱伦斯却突然离开她，与魏坎小姐成了婚。魏坎小姐性子风风火火，是个十分富有的女人，不过两人在一起却常常无话可说。不久，约旦夫人在巴黎孤苦离世。坎伯兰爵爷在英国是最不受欢迎的人。他丑陋至极，眼睛歪斜，脾气不好，报复心强，在政治上是个激烈的反动派。他被怀疑谋杀了他的随从，还深陷情爱绯闻之中。剑桥爵爷娶了一位日耳曼公主，但是他们没有孩子。苏塞克斯爵爷喜爱文学，有藏书的兴趣。他与奥古斯都·墨累结为夫妇，育有二子，但这段婚姻不符合"王室婚姻法"，被宣布无效。在奥古斯都去世之后，他又娶了塞西莉亚·巴根，她把自己的名字改为安德伍德，但是，这段婚姻同样被宣告无效。剑桥爵爷，是兄弟几人中年纪最轻的那个，人们对他并不熟悉。他住在汉诺威，一头金黄色的头发，总是喋喋不休、坐立不宁，一直没有结婚。

　　除了这七个儿子之外，乔治三世还有五个女儿。其中两个是符腾堡王后和格罗斯忒公爵夫人，她们结过婚，但是没有孩子。另外三个是奥古斯都、伊丽莎白和索菲娅，她们都已经年近四十，但却尚未婚配。

第三节

　　乔治三世的第四个儿子是爱德华·肯特。他已经到了知天命的年纪。他高大健壮、精力充沛，皮肤生得黝黑，毛发有些稀松，他还总是将仅剩的几绺头发染成闪亮的黑色。他衣着整齐，整体上看上去，跟他的性格极不符合。他早年在直布罗陀、加拿大、西印度群岛等地有过军旅生涯。由于受过军事训练，他称得上是个纪律严明的人，甚至可以说是军纪官一样的人物。在1802年，他被送到直布罗陀去一个暴动监狱整顿纪律，却因为过于严苛而被召回，他的事业也随之结束了。从此以后，他把自己的时间用来整理家庭事务、为下属帮忙、设计钟表，还重新整理自己的财务。别人说他"像五线谱那样井井有条"，这说法不错，而且他每年还有近二万四千英镑的收入。尽管如此，他依然负债累累。他常和自己的兄弟有争执，尤其是摄政王。因此，他自然而然地加入了政治反对派，成为了辉格党的支柱性人物。

他的政治观点十分值得怀疑。经常听到别人说他是个自由派，甚至是个激进派。他和空想社会主义的创始人罗伯特·欧文的关系特殊。他说自己参观了位于新拉那克的纱厂，但实际上，他只出席了欧文的公共集会。他和欧文暗中秘密通信，并且声称自己死后要从"灵界"重返人间，给欧文信徒以鼓励。欧文说："我不得不以特别的方式来说明肯特公爵在天之灵的关怀之情，他的所作所为不仅是某一个阶级、某一个教派、某一个群体或者某一个国家的利益，而是为了造福全人类的未来"。欧文补充说："他与我之间的情感是世界上最美好的情感，他信守约定，从来没有失约。"但是欧文是个自负的人。他曾说，杰弗逊总统、梅特涅首相以及拿破仑都是他的信徒。同理来看，欧文对肯特公爵看法也是不太可靠的。但是，有一件事毫无疑问：公爵殿下向罗伯特·欧文借出许多次钱，数量巨大，达到数百英镑，欧文一向有借无还。

在夏洛蒂公主死后，不论出于什么考虑，肯特公爵都应当结婚，这件事显然非常重要。从国家的角度看，未免王室后继无人，肯特再婚就成为一种义务；从肯特公爵个人的角度看，这件事也大有裨益。不论他是把结婚当成一桩公务，或者为有继承人而结婚，都值得这个国家的感激。当约克公爵结婚的时候，他收到了一笔每年二万五千英镑的授产。肯特公爵自然也会得到数量相当的授产。但是，情况远远不止这么简单。还要考虑到克莱伦斯公爵的情况。他是兄长，如果他结婚的话，就有优先继承的权利。

　　肯特公爵把这些事情仔细考虑了一番。在他的外甥女去世一个月之后，他偶然间来到了布鲁塞尔，听说克里维先生也在这座城市。克里维是辉格党领袖的亲密伙伴，是个喜欢散布流言蜚语的人。对于公爵来说，他正好可以做自己与政界沟通的桥梁，他要借助克里维把自己对目前形势的看法告诉外界。显然，他没有想到，克里维先生居心叵测。公爵以一些琐事为由，将他请来，谈了一些重要的问题。公爵先就公主的死讯说起，而后就摄政王不可能再离婚、约克公爵无子嗣以及克莱伦斯的婚姻问题表明立场："克莱伦斯公爵不应该结婚，能够继承王位的人是我。我时刻准备着为国效力。每当我想到自己逃不过婚姻的时候，天知道我自己做出了多大牺牲。我和圣罗朗夫人已经一同生活了二十七个年头，我们不仅年龄相当，并且曾经同甘共苦。克里维先生，你应该能够想象我与她分别之后的场景。请换位思考一下，如果是你们夫妻分离呢。还有圣罗朗夫人，我真的不知道如果我被迫结婚，她该怎么办。她早已经为了这件事大动肝火了。"公爵接着描述了这样一件事：在公主逝世后不久的一个早晨，《时代晨报》上刊登了一则短文，暗示公爵可能要结婚。他在吃早餐的时候，收到了这份报纸和一些信件，"我就像往常那样，将报纸扔给桌对面的圣罗朗夫人，就去拆信和读信。我刚刚看了一小会儿，圣罗朗夫人就发出奇怪的动静，她那时激动得说不出话来。我很担心她的安危。在她恢复平静之后，我问她为什么如此激动，她指了指《时代晨报》上的那篇文章"。

　　随后公爵的话题转到了克莱伦斯公爵身上："克莱伦斯公爵是我的兄长，如果他结了婚，毋庸置疑应当他即位，无论如何我也不会干预。如果他希望成为国王，并为此结婚、生子，那就让他这么做吧。我胸无大志，只想要做自己……你也知道，今年的复活节来得很早。在那之前，如果克莱伦斯没有任何行动，我就不得不找些理由去安抚圣罗朗夫人，因为我要离开她，到英格兰去。"一旦到了那里，我就可以和我的朋友商量着采取可行的方法。那时候，克莱伦斯公爵如果还没有娶妻，那这就全是我的责任了。毫无疑问，我得自己采取合适的办法。"公爵提到了两个名字，巴登的公主以及萨克斯科堡的公主。他认为，既然利欧波德王子能受到如此的爱戴，后者也许更合适。但是，无论娶哪位公主，他都希望能够看到圣罗朗夫人得到善待。他解释道："她出身极好，是我唯一同居过的人。她公正无私，心性纯洁。当她刚来到我身边时，我每年给她一百英镑。后来，涨到了四百英镑。最终，升到了每年一千英镑。但是，在我负债时，圣罗朗夫人坚持要把每年给她的钱降到四百英镑。如果要圣罗朗夫人离开我，她必须有独立生活的能力，并获得她朋友的尊重。我不会提过分的要求，但是几个仆人和一驾马车是必需品。"至于他自己的授产，他希望以约克公爵结婚时的待遇为先例。他说："这样的婚姻是为了王室的未来。我对于这样的待遇心满意足，不会再对 1792 年与今天币值的高低过多计较。至于我欠下的账单，我认为并不巨大。相反，这个国家才是我最大的借款人。"钟表响了，看起来公爵还有另外的约会。他站起身，送走了克里维先生。

谁能够对这样的谈话保守秘密？无论如何，不会是克里维先生。他匆匆忙忙地把这个消息告诉了惠灵顿公爵。惠灵顿公爵很开心，并且写下了一则长篇报告给塞夫顿公爵。塞夫顿收到信的时候，外科医生正为他做肾结石检查。塞夫顿公爵回信道：那会儿检查刚结束，看到这封信我哈哈大笑，我从没有见过比他可笑的人。没有人比爱德华更老实，人们甚至搞不清他哪点最值得人敬佩，是他对待圣罗朗夫人的体贴，还是对克莱伦斯公爵的态度，或是他在钱的问题上毫无私心？

结果表明，兄弟两人最终都决定结婚。肯特公爵选择了萨克斯科堡的公主，并且在 1818 年 5 月 29 日同她完婚。同年的 6 月 11 日，克莱伦斯公爵娶了萨克斯·迈宁根公爵的女儿。但是，他们对于授产的期待都落了空。虽然政府提出增加他们的津贴，但提案却被下议院驳回了。对于这样的结果，惠灵顿公爵并不吃惊。他说："无论对于哪个政府来说，王室都是政府脖子上的磨石。既然公爵们以此侮辱了英格兰三分之二的绅士，那么绅士们在下议院里实施报复有什么不能理解的？我认为这是他们唯一的机会，他们有权利这么做。"无论如何，国会最终还是将肯特公爵的年金提高到了六千英镑，而圣罗朗夫人则再无人提及。

第四节

　　肯特公爵的夫人，维多利亚·玛丽·路易莎，是来自萨克斯科堡的萨尔费尔德公爵弗兰斯西的女儿，也是利欧波德王子的姐姐。这个家族历史悠久，是韦廷宗室的一支。他们从11世纪开始，就统治着易北河边上的迈森地区。到了15世纪，整个宗室分成了艾伯丁和厄奈斯丁两个分支：前者最终给了选民和萨科尼森的国王；后者，统治着图林根，渐渐又分成了五个分支，萨克斯科堡就是其中之一。这个公国国土狭小，仅有六万人口，但却享有至高无上的独立主权。在法国大革命之后的混乱年代，萨克斯科堡也被卷入其中。公爵极度奢靡，并且对蜂拥而至的难民打开了大门。这些难民是随着法国军队的进攻，一路向东越过日耳曼逃过来的。在这些逃难者中，有莱宁根王子，他是个上了岁数的花花公子。曾经统治着的摩泽尔河地区已经被法国人夺走，不过作为补偿，他得到了下弗兰肯地区的阿莫巴赫地区。在1803年，他迎娶了维多利亚公主，那时候，她还只有十七岁。三年之后，弗兰西斯公爵去世了。拿破仑的魔爪伸向了萨克斯科堡。公国被法国人占领了，公爵一家一度到了忍饥挨饿的边缘，几乎靠乞讨为生。与此同时，小公国阿莫巴赫也受到了法国、俄国、奥地利军队的入侵。很多年里，这一地区几乎看不到一头牛，甚至连饲养几只鹅的青草也没有。难以想象，这户处境艰难的人家，在一代人之后，竟然在欧洲大半个王室，占有了一席之地。拿破仑的铁耙已经完成了他的使命。种子已经种下了，收成足以让拿破仑吃惊。利欧波德，在十五岁的时候，外出谋生，迎娶了英格兰的继承人。莱宁根公主，则在阿莫巴赫地区忍受着贫穷、军事侵扰和一个无能的丈夫，最终造就了她独立的性格以及不达目的不罢休的劲头。实践证明，这样的性格不论在什么环境中，都是有好处的。1814年，她的丈夫逝世，公国的统治权留给了她和两个孩子。那时，她的弟弟与夏洛蒂公主结为连理后，她曾被建议嫁给肯特公爵。但是，考虑到要抚养她的孩子并管理这个国家，她无暇顾及其他的事情，便拒绝了。后来夏洛蒂公主去世，情况就发生了改变。当肯特公爵再次提婚时，她接受了。那时候，她已经三十二岁，个子矮小、身体粗壮，长着棕色的眼睛，她性格开朗，爱穿金光闪闪的丝绸和天鹅绒制作的衣服。

　　能有坚强的性格，她应该觉得幸运。因为，她命中注定这辈子要经历众多磨难。她的第二次婚姻，前途未卜，生活一片困顿，让她难以适应。肯特公爵认为，自己仍然很贫穷，住不起英格兰。在阿莫巴赫住下来以后，时间从肯特公爵的手中匆匆溜走。他们的宅邸很小，那一带十分寥落，即便是设计钟表的活计最后也变得很无聊。公爵虽然很虔诚，没有任何迷信的念头，但那位吉卜赛预言家的话仍然令他耿耿于怀。预言家说，他将承受巨大的损失和波折，会含恨而终，并且他唯一的孩子将成为伟大的女王。不久之后，公爵打算要一个孩子：肯特认为这孩子一定要出生在英格兰。虽然这次行程所需的资金他还没有，但他的决心并没有因此动摇。他声称，无论发生什么，他的孩子一定要在英国出生。他们雇来了一辆马车，公爵自己坐在马车的车篷外，马车里坐着公爵夫人，还有她十四岁的女儿。此外，还有随从、护士、狗圈以及金丝雀。这一路上，他们穿过了日耳曼、法国，路途坎坷、客栈破旧，但是对于内心坚定的肯特公爵和平静、大度的公爵夫人来说，这些都算不上什么。他们穿越了英吉利海峡，平安抵达了伦敦。王室提供给他们肯辛顿宫殿作为住宅。1819 年 5 月 24 日，一个女婴在那里诞生了。

Charpter II

第二章 童年

第一节

　　这个孩子，在卑微的环境中来到这个世界上，没有引起什么注意。因此，几乎无法预测她的命运。克莱伦斯公爵的夫人，在两个月之前，也诞下了一个女儿，然而这个婴儿很快就死去了。公爵夫人依然有很大的可能再次成为母亲，但结果却事与愿违。与之相比，肯特公爵夫人很年轻，公爵又正值壮年，很有可能再生一个男孩儿，抢走公主继承王位的机会。

　　然而，公爵心中仍然有忧虑：关于那个预言……无论如何，他会给这个孩子起名为伊丽莎白，一个带着幸福寓意的名字。令人意外的是摄政王突然宣布要出席婴儿的受洗仪式，并将俄国的亚历山大大帝指认为婴儿的神父之一，此举是有意让公爵难看。仪式开始时，坎特伯雷的大主教问婴儿受洗时用什么名字，摄政王回答说"亚历山德里娜"。公爵却大胆提出要另加一个名字。摄政王说："当然可以。叫乔治亚？"

公爵说："还是叫伊丽莎白呢？"婴儿躺在大主教的麻布袖筒上，大主教不安地看着两位爵爷，受洗被短暂地搁置了。摄政王最终开口说，"好的，就以她母亲的名字为她命名吧。不过亚历山德里娜应该放在前面。"尽管孩子的父亲不乐意，但她还是被起名为亚历山德里娜·维多利亚。

公爵还有别的烦心事。下议院微薄的补助金没有改善他的经济窘境。他很担心自己的工作不被国家认可。他欠下的债越来越多。很多年以来，他都靠着七千英镑的年金过活。但如今他的开销翻倍了。他无法再减少开支。他在写给罗伯特·欧文的信中倾吐苦水："我可以很直接地说，考虑到方方面面，即便我能够满意现在这样不慕奢华、毫不炫耀的日子，继续在英格兰活下去，没有两倍于七千英镑的年金是不行的，而减少开支更不可能。"他不得不以五万一千三百英镑的价格卖掉自己的住宅，如果这样还不行的话，他就要离开英格兰回到内陆生活了。"倘若我为国家做了贡献，那些当权者就应当帮助我。毕竟我在殖民地工作了那么久，承受了巨大损失和苦难。他们应该答应我的请求。否则，就说明他们并不肯定我的工作。如果真是这样，我将回到海外，过隐居生活。我和我的妻子已经尽到了义务，让孩子出生在英格兰，受到古老的英格兰土地的滋养。而且，如果上天还要我的家庭再添子女的话，我们依旧义不容辞。"

同时，他决定在西德茅斯度过冬天。他告诉欧文："只有这样，在英格兰一年中最令人讨厌的几个月里，公爵夫人就能够享受到舒适的海滩浴，我们的婴儿也能够感受德文郡海岸的海风。"在12月，公爵一家动身了。当新的一年即将到来时，公爵想起了另外一个预言：在1820年，王室家族的两个成员将会相继去世。这两个人会是谁呢？他盘算着多种可能：国王，明摆着活不长了，约克公爵的妻子又生了重病。也许会是国王和约克公爵夫人；也可能是国王和约克公爵；或者是国王和摄政王。肯特公爵本人是英格兰最健康的人之一。他声称，"我的兄弟们都不如我身体强壮，并且我生活规律节制，会比他们活得时间都长。王冠会落在我和我的孩子头上"。然而，他在外出散步的时候湿了脚。回到家以后，没有及时脱掉湿袜子，就此患上了感冒，还引发了肺炎。到1月22日的时候，公爵已经奄奄一息了。恰巧，年轻的史多克玛医生那时候也在这里。两年以前，他站在死去的夏洛蒂公主的病床前；现在，他又看着肯特公爵病痛缠身。听从了史多克玛的建议，他匆匆忙忙准备好了遗嘱。公爵尘世的遗产是负数，但是这个毫不知情的婴儿的命运正在变化，她应该由公爵夫人来监护。公爵意识模糊地签署了自己的名字。在询问过他的签名是否清晰后，他失去了意识，第二天早晨就断了气。六天之后，寓言的另外一半也实现了。乔治三世漫长、悲伤、不光彩的一生也结束了。

第二节

　　西德茅斯的事情混乱一团，公爵夫人发现自己没有办法回到伦敦。利欧波德王子匆匆赶来，亲自护送姐姐一家回到肯辛顿。这位丧夫的女人，穿着深黑色的衣服，努力冷静下来，苦苦支撑着。她的未来笼罩在一片前所未有的迷雾中。她自己一年有六千英镑，但丈夫的债务却像座山一样堆在她面前。她不久听说克莱伦斯夫人又有喜讯了。她在英国还有什么可以期待的呢？她为什么要身处异国和一群陌生人当中，她不会说他们的语言，也不明白他们的习俗。显然，最好的决定就是回到阿莫巴赫，到她熟悉的人群中去，到经济有保障的环境中生活。但是，她只是个顽固的乐观者。曾经她艰苦度日，能挣扎下来，现在她也不会屈服。而且她深爱着她的孩子。"这是我的幸福、快乐和命。"无论将来如何，她都要把这个孩子抚养成为一个真正英国公主。利欧波德王子慷慨地向这母女两人提供了额外的三千英镑，公爵夫人也决定留在肯辛顿。

女婴胖乎乎的，长相酷似她的祖父。公爵夫人声称，"这简直是先王的肖像！公主是穿裙子的乔治王"。这个小生命蹒跚地来回走着，周围的女伴也应和着。

不久之后，这个身在肯辛顿的婴儿终于赢得了一些关注。1821 年初，克莱伦斯的第二个公主伊丽莎白在出生三个月后去世，更多的人将视线转向这个小婴儿。皇位的摇篮周围充斥着紧张的争斗和敌视的目光。那是一个充满分裂和愤怒，充满暴力镇压和不满的时代。一场曾经被压制的运动，现在正在国内蔓延开来。与其说是新的热情、新的希望正在泛滥，不如说是旧的热情和欲求转化成了新的力量：对自由的热恋，对不公平的憎恨，对美好未来的渴望。当权者也许会骄傲地坐在他们的席位上，实行古老的暴政。但是新的力量正酝酿着风暴，天空中已是电闪雷鸣。看起来，悬而未决的英国自由主义正寄希望于那个身在肯辛顿的小女孩儿身上，这股巨大的力量需要凭借这个弱小的生命才能得以施展。她孤立无援地站在国家和象征着反动力量的坎伯兰公爵之间。显而易见，肯特公爵夫人将自己投入了她丈夫所信仰的辉格党。辉格党领袖，那些狂热的煽动者们，聚集在她的周围。她跟勇猛的德拉姆爵爷和奥孔奈尔都有交情，她还接待过威尔伯福斯。她在公共场合声称她深信"人民享有自由的权利"。年幼的公主会被养大成人，但是却不得不面对她的伯父，凶狠的坎伯兰公爵。激进派报纸上充满挑衅的言论，说维多利亚公主很可能难逃其伯父的迫害。

但是，这些并没有传到小德莉娜的耳朵里。在家里，大家这么叫她。她或者在玩玩具，或者沿着走廊嬉闹，或者在肯辛顿花园的大道上骑着舅舅给她的驴子。这个头发金黄、生着一双蓝眼睛的小孩儿被她的保姆、母亲的随从以及她的姐姐菲欧杜拉宠爱着。那几年，尽管母亲对她很严格，但是她还是差点儿被宠坏。她时不时地大发脾气、跺脚，不把任何人放在眼里。不论他们怎么说，她总是不愿意认字。她快到五岁时，莱纯小姐的出现让她有所改变。莱纯小姐是一位汉诺威教士的女儿，以前是菲欧杜拉公主的家庭女教师。一开始，莱纯也着实被小公主的坏脾气吓坏了。她说自己从未到过如此易怒、顽皮的小孩子。此外，她观察到这个小孩子十分诚实，无论要面临什么样的惩罚，她从来不撒谎。莱纯发现，用任何固执的方法来对待这个小女孩儿都是无用的，除非走进她的心里。莱纯毫不费力地做到了。小德莉娜开始像小天使一样识文断字，学起其他东西来也有模有样。仕巴迪爵士教她如何制作小纸盒，并用金属铂和手画的花朵来装饰它；她的母亲则向她传授信仰。每周日的早晨，在教堂内的长椅上，这个六岁的孩子总是全神贯注地聆听教士的布道，当天下午她就要被检查所学的内容。公爵夫人下定决心，要让她的女儿为登上高位做准备。然而，这个小女孩儿实际上不怎么需要这样的教诲，她生性简朴、有节律，虔诚对于她来说不是件难事。她清楚地认识到了自己地位的微妙之处。

当简·艾莉丝六岁的时候，她的母亲带她到肯辛顿宫殿玩耍，她被安排和维多利亚公主一起玩，公主和简·艾莉丝年龄相仿。简·艾莉丝不懂礼节，擅自玩起了地板上的玩具。但是，简·艾莉丝很快便被警告："你不许动那些东西，那些是我的。我必须告诉你，简，你不能够直呼我维多利亚。"公主最经常一起玩耍的伙伴也叫维多利亚，是公爵夫人的家臣约翰·孔洛伊的女儿。她们互相欣赏彼此，甚至会手拉着手在肯辛顿花园里散步。但是小德莉娜心知肚明的是，那些紧随其后的仆人是在为谁待命。

小德莉娜热心并且敏感，她爱她的家庭教师莱纯，也爱她的姐姐菲欧杜拉，还有亲爱的维多利尔，同时也爱仕巴迪夫人。当然，还有她的母亲，她也深爱着她，这是她的责任。虽然她也说不上来这是为什么，每当她和舅舅利欧波德待在克莱蒙德的时候，她都十分开心。在那里，早先侍奉过夏洛蒂的路易斯夫人虽然年事已高，却尽己所能宠着她。而舅舅待她也极好，像对成年人一样严肃而不失慷慨。当这短暂的行程结束的时候，她大哭一场，她不得不回到那个满是规矩和约束的肯辛顿。但有时候她的母亲得留在家中，她便可以和姐姐在莱纯的陪伴下乘马车出行，这时候公主当然是十分快乐的。

小公主时常到克莱蒙德拜访，其中有一次还十分特殊、难得，让她兴奋不已。那时候她七岁，小公主和她的母亲、姐姐被国王邀请到温莎花园。乔治四世曾将兄弟不和的愤怒转移到他弟弟的家人身上。但乔治四世逐渐厌倦了这种赌气，并且决心要变得和蔼一点。他头戴假发，身体臃肿还戴着繁复的装饰，周遭也是带着珠宝的情妇和大摇大摆的朝臣，为了接见这个小东西，乔治四世要在大厅里摆出不一样的威仪。他说："把你的小手给我。"这两代人就有了接触。第二天早上，他同格罗斯特公爵夫人同坐在马车里，在公园里见到了肯特公爵夫人和她的孩子。乔治四世命令说："带她进来。"母亲感到吃惊，她的女儿却感到开心。他们连忙过去，一起到了弗吉尼亚湖。湖上有一艘驳船，船上全是钓鱼的伯爵和贵妇，另一条驳船上有一支乐队。国王看了菲欧杜拉一眼，称赞她的举止，并转头问他的小侄女："你最喜欢的曲子是什么？让乐队来演奏。""《天佑国王》，陛下。"她迅速地回答。这个回答被众人赞扬，之后成为一段佳话。她是个十分诚实的孩子，或许这确实是她的真意。

第三节

约克公爵在丧偶之后从罗德兰公爵夫人那里得到了些许安慰。在1827年，约克公爵也去世了，留下了他未完成的、宏大的史丹佛宅院和二十万债务。三年之后，乔治四世也离开人世，克莱伦斯公爵继承了皇位。非常明显的是，新的王后再也没有成为一个母亲的可能。因此，维多利亚公主被视作唯一可能的继承人。而肯特公爵夫人的年金五年前就翻了番，现在公主每年又被额外给予了一万英镑的抚养费。此外，万一国王去世，她的女儿维多利亚能够继承王位的话，她便获得了摄政权。然而，巨大的变故就在这时发生了。主宰了英国将近四十年的托利党突然间土崩瓦解。接下来巨大的社会动荡中，世代传承的传统似乎都将被抛弃。对于盲目固执的反对者和那些暴怒的敌人来说，除了革命之外别无他法。但是最终双方达成妥协：《改革法案》通过了。议会中的核心力量逐渐朝向中产阶级偏移，辉格党获得了权力，政府带了一点自由色彩。随之产生变化的，是肯特公爵夫人与维多利亚公主的地位。她们母女二人起初被辉格党保护着，现如今成了政府多数党派手中的"王牌"。维多利亚公主因此成了中产阶级取得胜利的象征。

另一方面，坎伯兰公爵的地位黯然失色，虽然他凶恶的性格丝毫未改，但他的利爪终归被改革法案削弱了。他如今变得可有可无，前途堪忧。

公爵夫人并没有坚定的自由主义思想，她只是追随丈夫的脚步，重复着丈夫和利欧波德的泛泛之论。实际上，她对《济贫法》、奴隶贸易和经济政策没有过多的认识。但是，她希望能够履行自己的任务，把维多利亚扶上皇位。她的教育理念来自阿诺尔德博士，那时他的理念刚开始在社会上流行。阿诺尔德的目标是，使他的学生成为信仰最纯正的基督教绅士，其次他才看中智慧的培养。公爵夫人深信，让女儿成为信奉基督教的女王是她最重大的责任，这是她唯一的目标。当孩子取得一些进步，她觉得自己的努力并没有白费。当公主十一岁时，她希望伦敦和林肯的主教对孩子进行一次测试，再向她汇报一下女儿的表现。公爵夫人在一封亲笔信里解释说："我觉得付出的努力应当被检验，如果有什么做得不对应该被纠正……我几乎参与了每一节课程，每一个部分。我甚至决定做她的家庭教师。当她到了一定的年龄，她便随我一起参加礼拜，并且我感受到她在内心之中有宗教信仰，她有强烈的道德感，以至于她不大容易犯错。"公爵夫人补充说：

"她为人理性、聪慧，理解能力强，并能非常敏捷地做出判断。"两个女教士进宫了，检验的结果如大家所愿。女教士在报告中说："每一个问题公主都给出了正确的答案，她对圣经历史的重要细节了如指掌，并且有基督教知识储备，同时她对年表和英国的历史也有很好的把握，是个了不起的年轻人。至于使用地球仪、算数以及拉丁语法，公主的反馈都令人十分满意。"他们不认为公爵夫人的教育计划有需要改进的地方。坎特伯雷的大主教，也给出类似的评价。

然而，一个重要的步骤需要继续执行。到目前为止，正如公爵夫人向教士所解释的，公主对于她将要到达的高位还一无所知。"她应该早点知道那个位置所伴随的义务，理解一个国君应当为了别人活着。只有这样，当她知道自己未来命运的时候，就有了心理准备。"在接下来的一年中，公爵夫人决定要她明白这一点。著名的一幕紧随其后：在历史课上，英国国王的世袭名单事先被公主的老师夹在课本当中，公主看到后十分吃惊，她不断询问，最终理解了这件事。这个孩子最后恍然大悟，她先是沉默了一会儿，然后说："我会不负众望。"她的话不仅是俗套的誓言或是她对自己的期望，在某种程度上是对一个人一生中最重要品质的总结。"因为这件事，我大哭一场。"女王多年之后写下这样的回忆。毫无疑问，当别人在的时候，即使是她亲爱的莱纯，这个小女孩儿也会竭力控制自己。她带着一股莫名的委屈，悄悄走到别处，用手绢掩面哭泣，也不让她的母亲看见。

但是，她却躲不开母亲的目光。无论白天还是黑夜，都没法逃过她母亲的监视。女童渐渐长成了少女，然后又长大成了一个大姑娘。然而，她仍旧睡在她母亲的卧室里，她仍旧没有地方可以独自坐坐或者工作。母亲特别的关心跟随着她的每一个脚步，直到她登基那天，她甚至从来没有在无人服侍的情况下独自下楼。沉闷的规矩主宰着这个家庭的生活方式。时时刻刻、日日夜夜、年年岁岁，时间缓慢而有章法地度过。那些数不尽的洋娃娃，每一个都穿戴整齐，记录在案。这里很少有歌舞。康泰尼负责训练公主的身段和风度，拉布拉协则负责公主讲话的语音，切斯特的主教继续讲授他那没有尽头的圣经历史，而诺森伯兰郡的公爵夫人则一脸严肃地出席每一次课程。毋庸置疑，公主最大的学习成果是在语言方面。德语是她最为熟悉的第一语言，但是她同时掌握了英语和法语，实际上成了三种语言的使用者。同时，她的意大利文也差强人意，对拉丁文也略知一二。然而，她没有丰富的阅读经验。部分由于提供给她的书都是愚蠢的宗教类布道，或者是些难以理解的诗歌。小说是被严格禁止的。达拉莫公爵劝说她母亲给她一些马丁诺小姐的故事，这些故事阐述了政治经济学的某些规律，并且会使她感到开心。但是，她母亲担心她不仅永远无法真正掌握交易学说和租金的本质，那些不正统的故事还可能让她浮想联翩。

这正是她的不幸：在青春期的这几年中，围绕着她的思想氛围全部是女性的意识。没有父亲和兄长，每天伴随着冲动、鲁莽、肆无忌惮的大笑和外部世界吹进的自由主义的风，她的日子平淡无聊。公主从来没有被粗犷的声音呼唤过，她柔嫩的脸颊从未与粗犷的面庞相接触，从来没有和男孩子一起爬过墙。到克莱蒙德的访问时，她便能够短暂地逃进男性社会。但是在她十一岁的时候，由于利欧波德王子离开了英国成了比利时的国王，访问便终止了。她爱着利欧波德，他仍然是"我第二个父亲，甚至可以说是我唯一的父亲，因为他实际上像一个父亲那样待我，而我从来没有过父亲"。然而，利欧波德的父爱现在需要通过冰冷的海峡才能抵达，这对于她来说淡了不少。从此以后，女性的责任、优雅、激情将牢牢地将她占据，她的精神再难受到两性的良性影响。可是没有这些影响，生命很难真正繁荣，因为它们分别代表理性和情感。在乔治四世去世前，莱纯爵士正占据着公主的世界。当菲欧杜拉结婚后，舅父利欧波德也搬去比利时，莱纯爵士就再也没有了竞争者。公主给予她母亲的爱是义务，而对莱纯则是真心喜欢。这个汉诺威牧师的女儿，尽力彰显着她的忠诚，并且受到了无限的信任和崇敬。公主称她是"最好和最诚实的朋友"，她甚至说自己是为莱纯而生。从十三岁那年开始，她的日记写下了她的所作所为和情感经历，每一页上都有莱纯的痕迹。这个小东西把自己清晰地刻画了出来——她真诚、简单和虔诚的心，几乎像是一个德意志牧师的女儿了。在她日记里那些诸如着重号、惊叹号之类的标记中，她的快乐、赞赏、痴迷一目了然。"这是次快乐的骑行。

我们奔跑了许久。可爱的罗西走起路来可爱极了！我们回到家里已经一点一刻了……六点四十分的时候，我们去了剧院……鲁比尼上台并演唱了《安娜·波莱娜》，歌声十分美妙。我们回到家已经十一点半了。"她的评论中满是莱纯夫人的想法。一天，由于疏忽，她被允许阅读了一本芬妮·肯布尔的回忆录。"这本书写得非常荒谬。这种风格会让我们认为，著书人一定十分无礼，缺少家教。书中有很多粗俗的表达。像巴特勒夫人这样，拥有极多天赋，却不加以善用，还在书中胡言乱语，只会伤害她的名誉。"莱纯爵士将斯维尼夫人的信件念给她听，公主赞不绝口道："她的风格是多么优雅并且自如！她的文字天真、机敏且雅致。"可是，她还是将最高的赞誉给予了切斯特主教的《马太福音解读》。"这真是一本好书。恰好是我所钟爱的那种类型；书的内容平时质朴并且容易理解，此外充满了真理和善意。这是莱纯在我享受圣餐的周日交给我的。"在几周之前，她接受了坚信礼，她之后这样描述这件事："坚信礼是我一生中最庄严的事件之一，我相信这会对我的心灵产生有益的影响。我对以往犯下的错误感到后悔，并且相信万能的上帝会强化我的心灵和思想。我会远离一切邪恶，永远追随善良和正义。我终将成为一个真正的基督徒。我还要努力，让我那深陷悲伤、磨炼和焦虑中的母亲得到安慰，做一个有责任感并懂得感恩的女儿。同时，我要服从亲爱的莱纯，她对我也是如此。我穿着白色的蕾丝裙，头戴一顶白绸帽，帽子上有白色的玫瑰花环。我和我的母亲同坐一辆轻便的马车，其他人的马车跟在后面。"读公主的日记，就像手中握着一枚光滑的宝石，没有任何的缺陷。

也许，在那些具有辨识力的人眼中，这纯洁显然还有复杂的一面。细心的人也许能偶尔看到一些蛛丝马迹，会怀疑。在那种修道院式的生活中，接待客人成了令人兴奋的事。然而，公爵夫人即便有很多亲戚，他们也不常来往。舅母和叔父们经常从德意志过来，表兄妹也是一样。当公主十四岁的时候，一对表兄弟从符腾堡远道而来，他们的造访令她十分快乐。这两位王子分别是亚历山大和恩斯特，是她母亲的姐妹和符腾堡公爵的孩子。她在日记中写道，"他们都个子奇高，亚历山大十分帅气，而恩斯特则举止得体。"他们的离开让公主很是哀伤。"我看着他们钻进了驳船，又看着他们驾船离开了海岸。他们都很友好，亚历山大帮助我下船，还像护卫一样在我身边骑行，恩斯特也是如此。"两年之后，另外两个表兄弟到来了，他们是费迪南王子和奥古斯都王子。公主的日记中又写道："亲爱的费迪南，他身上集中了所有的崇敬……他不矫揉造作，并且有出众的外貌和举止。他们都是很可爱而魅力四射的男人。奥古斯都和蔼可亲，当我们互相熟悉以后，他更是显得很得体。"在另外一个场合，"亲爱的费迪南来了，坐在我的旁边，亲切地跟我说话。我实在太爱他了。亲爱的奥古斯都也是个可爱友善的年轻人，并且十分英俊。不过，总体上来说我认为费德南比奥古斯都更帅，他的眼睛很漂亮，并且言语机敏。当费德南说话或者微笑的时候，他的魅力就更大了。"不久之后，又有两个表兄弟到来了，他们把费德南兄弟的光芒比了下去。这两个人是欧内斯特王子和阿尔伯特王子，是公主母亲弟弟的儿子。这次，公主更加仔细地观察了他们。她在日记中写道："欧内斯特像费德南和奥古斯都那样高大，他有黑色的头发，黑色的眼睛和黑色的眉毛，但是鼻子和嘴巴不好看。他友善、诚实并且聪慧，他身材很好。至于阿尔伯特，和恩斯特一样高大，但是体格更加魁梧，极其帅气，头发是和我一样的淡蓝色。他有一个漂亮的鼻子，一口洁白的牙齿，嘴还很甜，十分讨人喜欢。这两个表兄弟都很优秀，并且相较于奥古斯都来说更加成熟懂事。他们英语说得很好，我可以跟他们讲英语。欧内斯特在今年6月21日就要十八周岁了，而阿尔伯特在8月26日也有十七周岁了。亲爱的舅父送给我一只可爱的鹦鹉，它很温顺，可以停在手上，你可以将手指伸到它的喙里，无论怎样对待它，它都不会咬你。它比母亲的灰鹦鹉的个头还要大。""我坐在沙发上，坐在两兄弟之间，看着他们作画。他们画得都很好，特别是阿尔伯特。他们都十分喜欢音乐，他们的钢琴弹得出色极了。我越是跟他们相处，越乐意跟他们待在一起，并且越来越爱他们……和他们在一起很开心，他们也乐意陪伴我左右，他们真是不错的年轻人。"待了三个星期之后，兄弟两人和他们的父亲启程返回德意志去了，分别的时刻充满了忧伤。"这是我和亲爱的舅父还有两个最可爱的、受宠的表兄弟共进的最后一个早餐了，我十分爱他们，他们比其他的表兄弟更加可爱。我喜欢费德南，也喜欢奥古斯都，但是都没有像爱欧内斯特和阿尔伯特那样。他们都很博学聪慧，特别是阿尔伯特，他是两人中最具反思能力的。他们喜欢讨论严肃正经的话题，开朗快乐，像年轻人该有的样子。在吃早饭的时候，阿尔伯特总是喜欢逗乐，并给出机智的回答。他以前总是戏弄达什……当我下楼的时候，阿尔伯特正在弹钢琴。离别的时候，我热烈地拥抱了我亲爱的表兄们，还有亲爱的舅父。我难过地落泪，真的非常痛苦。"但是，公主的偏爱也十分明显，阿尔伯特年轻、有魅力、善良又成熟，所有这些再加上他蓝色的眼睛和挺拔的鼻子、他的嘴唇和牙齿，都在年仅十七岁公主含苞待放的生命中留下了深刻的印象。

第四节

威廉国王容不下她的弟媳，公爵夫人也毫不客气地回击着威廉国王的厌恶。没有足够的通融和忍让，他们的关系日渐恶化。公爵夫人本身是个缺乏通融的人，而威廉国王也缺少忍让的品格。这位老绅士总爱摆着一副海军士兵的姿势，脾气暴躁、吵吵嚷嚷，瞪着圆滚滚的眼睛，脑袋还状似菠萝。在他五十六岁那年，原本默默无闻的公主突然继承了王位，这差点把他弄疯。他每天神经兮兮，总是惹出一些笑话，但有时也让人害怕恐惧。他的口音是典型的汉诺威腔，他的口头禅是：那该另当别论，那该另当别论！他总说些不合时宜的话，引起人们的惊慌和恐惧。他有些流氓气，人们说，有三分小丑的气质；但是那些熟悉他的人却禁不住要喜欢他。因为如果你能迎合他，就会看到他幽默、善良的一面。倘若你不合他的心意，那就等着迎接暴风雨的来临吧。

公爵夫人一点也不知道怎么去对付威廉国王。她的地位、责任、义务，还有她的女儿占据了她生命的全部，她再没有空闲去应对那个暴躁、愚蠢、臭名远播的老头子。威廉国王应该认识到公爵夫人才是英国王位继承人的母亲，马上给她安排一个合适的位置，给她政治上的优先权，并从皇家私库中为她拨款。公爵夫人这么要求时不会想到，这些对于一个目前没有合法子嗣却依然抱有希望的国王而言，是一种难堪。她根据自己制定的方案步步紧逼。约翰·康罗伊，一个没有判断力但却自命不凡的爱尔兰男人，成了公爵夫人亲密的谋士，在暗中给她鼓励。让维多利亚在夏季旅行中认识英国的不同地区是个明智之举，这一切都为她安排好了。这个计划的初衷是好的，但是执行起来却不尽然。这些行程被媒体曝光了，吸引了热情的群众，还受到了政府的正式接待，像是皇家的巡行一般。到处都有忠心的市民慷慨致辞，开心的公爵夫人逐渐变得膨胀起来，掩盖了公主的光芒。她用日耳曼口音大声朗读着约翰先生事先准备好的致辞。约翰先生鞍前马后地忙碌，有点滑稽，似乎弄混了家臣和内阁大臣这两类角色。自然，身在温莎花园的国王在报纸上看到这些后气昏了。他抱怨说："那个女人真是个讨厌鬼！"可怜的阿德莱德王后，虽然失望，但是还是竭力保持平和，尽她最大的努力去平息这些矛盾，一方面试图改变国王，一方面写信给维多利亚，言辞十分诚恳。但是，这一切都没有任何作用。消息再次传来，说是肯特公爵夫人航行到索伦特海峡的时候，坚持要所有军舰和战士向她行皇家礼仪。国王下令要这些连炮一律停止鸣响，首相和海军大臣受到了他的质询。他们私下里给公爵夫人写信，希望她能放弃这一计划。但是她没有听从，谋士约翰·康罗伊十分固执。他说："作为公主殿下的最信任的谋士，我不能建议她做这样的决定。"最终，国王在盛怒的状态之下颁布了一道法令，禁止对任何船只鸣放皇家礼炮，除非这条船只载着在位的君主和他的伴侣。

当威廉国王和辉格党大臣发生争执的时候，情势变得更加恶劣，公爵夫人现在又成了执政党的政敌。在1836年，他试图为维多利亚公主和奥伦治公子的儿子提供一个相互结识的机会，与此同时尽全力阻止那些年轻的科堡公子到肯辛顿来。但是这两个计划都泡汤了，他唯一的"成果"就是激怒了比利时国王。利欧波德一时间忘记了对国王的尊重，向他的外甥女写了一封义愤填膺的信："对于你伯父的所作所为，我着实吃惊。直到昨天，我还收到来自英国的信息，暗示希望你的亲戚今年不要到访。你说该如何是好？国王的亲戚能够随意驶入英国，然而你的亲戚却被拦在国门之外，就算他们都对那位国王十分尊敬也不行。我还从来没有遇到过这样的情况，我希望这封信能稍稍让你精神振作。现在奴隶制度已经在英属殖民地废除了，我不懂为什么偏偏要将你留在英国做一个白人奴隶，以供皇家取乐。没有人买下你，因为我尚未看到他们在你身上花过一分钱，甚至六个便士……哎，毫无信用和正义可言！"

不久之后，利欧波德国王亲自到了英国，他在温莎花园遭遇的冷漠与他在肯辛顿受到的欢迎形成强烈对比。公主在她的日记中写下："听亲爱的舅父随便聊点什么，就像是在阅读一本很有启发性的书籍。他的谈话明白清晰，很能启人心智。他是当下公认的最优秀的政治家。他说起政治话题来语气温柔，态度坚定，能考虑到方方面面。舅父告诉我，在国家的组织方式、工业发展以及经济等方面，比利时是一个典范。舅父受到了比利时人民的爱戴，那一定是对他最大回报。"但是，她的伯父却没有办法分享她的情感。他说，自己不能忍受一个只喝水的人，利欧波德国王不愿意喝酒。他在一次晚宴中问利欧波德："那你平时都喝什么，先生？""喝水，先生。"她的伯父回答说："该死！你为什么不喝酒？我从来不允许任何人在我的饭桌上只喝水。"

非常清楚的是，危机即将爆发，它似乎在等待炎热的8月。公爵夫人和公主不得不因为国王的生日宴会待在温莎花园，而国王却在他们离开肯辛顿的间隙，趁伦敦举行议会休会典礼期间，来到了肯辛顿宫殿。在那里他发现公爵夫人违反了他的命令，她独自占有一套十七间房的别墅。国王十分生气，在他返回温莎，问候过公主之后，就公开指责了公爵夫人的所作所为。这只是个开始。第二天，在数百人参加的生日宴会上，肯特公爵夫人坐在国王的右手边，维多利亚公主坐在国王的对面。在晚宴快要结束的时候，众人要举杯恭祝国王健康时，国王突然站起了身，高声发表了一大段慷慨激昂的演讲，宣泄了他对公爵夫人的不满。

他说，她不断用粗暴的行为伤害他，以最不合适的礼仪使公主远离他，她身边环绕着的都是邪恶的谋士。他无法坐视不理，他必须让她知道谁才是一国之王。他的权威必须得到尊重。他希望上帝能让他再多活六个月，只有这样公爵夫人摄政才可以被避免，继而皇位可以直接交给未来的继承人而不是"坐在他身边的这个能力和品质一点也靠不住的人"。谩骂的洪流似乎倾泻不止，与此同时，王后感到难为情，公主也放声大哭，宾客们也吓呆了。公爵夫人只字未说，直到谩骂停止下来。她的暴躁和恼怒才像龙卷风一样袭来，她唤来了马车夫，宣布她要马上返回肯辛顿。众人合力劝说，气氛才有了和解的迹象，暴怒的公爵夫人勉强等到第二天再离开。

然而，她的麻烦并没有随着她甩掉脚下温莎的泥土而结束。回到家里，痛苦和烦恼接踵而至。在她位于肯辛顿的家中，积累多年的抱怨、妒忌和敌意因为摩擦和仇恨而加剧了。

约翰·康罗伊和莱纯爵士之间有不可化解的矛盾。公爵夫人越来越欣赏她的家臣，他们的关系变得暧昧。一天，公主维多利亚发现了这些猫腻。她将她看到的事情告诉了莱纯，还有莱纯的盟友斯帕思夫人。不幸的是，斯帕思夫人没能守口如瓶，愚蠢至极地将这件事向公爵夫人求证。话刚说出口，她便被解雇了。但是想要除掉莱纯爵士却不是件容易的事。这位女士谨慎、受人尊重，处处无可指摘。她的地位十分稳固，成功地取得国王的支持，约翰先生没有任何与她作对的办法。

但是，从那之后，整个家就分成了两个阵营。[1]公爵夫人支持约翰先生，而莱纯也有了不可小觑的靠山。虽然维多利亚公主什么都没有说，但是她更倾向于斯帕思夫人，并且仰慕她的莱纯。公爵夫人也清楚地知道，在这次纷争和混乱之中，她的女儿反对她。懊恼、气愤、道德上的责任感将她颠来倒去。她竭尽全力通过约翰的甜言蜜语来安慰自己，或者听芙洛拉·哈斯丁小姐对莱纯的刻薄批评，这个人对于莱纯也没有任何好感。作为牧师的女儿，莱纯虽然有优越的身份，但是她总是做出一些有损身份的举动，这是人们嘲讽莱纯的靶子。举个例子来说，她对于香菜种子有种超乎控制的痴迷，一袋袋的种子从汉诺威邮寄过来，然后她将它们涂抹在面包和黄油上，还有卷心菜上，甚至撒在烤牛排上。芙洛拉女士就会忍不住对此尖酸讽刺一番，这些话传到了莱纯耳朵里，莱纯爵士愤怒地撇着嘴，两人之间的不和也因此产生。

---

1 见格雷维尔，第四卷，第21页；以及1839年8月15日日记（未发表）。"女王疏远公爵夫人和憎恨康罗伊的原因，据公爵（惠灵顿公爵）说，毋庸置疑是由于她看到了他们之间的亲昵行为。她将所见之事告诉了男爵夫人斯帕思，斯帕思没有管住自己的嘴巴，（她认为）并且就这件事规劝了公爵夫人。结果就是他们开除了斯帕思男爵夫人，他们本来也可以除掉莱纯。但是莱纯清楚地知道接下来将会发生什么，她小心谨慎，以免自投罗网。此外，还有来自乔治四世和威廉四世强有力的保护。因此，他们不敢轻易地拿莱纯开刀。"

第五节

国王曾经祈祷过，他要活到他的侄女能够继承王位的年龄。就在她十八岁生日的前几天，就是她合法继承王位的日期，一场突如其来的疾病差点要了国王的命。然而，国王渐渐恢复了，公主能够如期举办她的生日庆典。她在日记中写下："切奇伯爵，身着制服，外貌十分好看，但是穿上便装便不是这样了。华伦斯坦伯爵身穿他漂亮的匈牙利制服，看上去好极了。"和年轻的华伦斯坦伯爵在一起，她想要跳舞，但是存在着一些无法克服的困难。"他不会跳四对舞，然而以我的身份，又不能够跳回旋舞或者捷步舞，我们无法共舞。"国王送给她的礼物她很喜欢，但是却引起了家庭内部的不快。尽管她比利时的舅父为国王而不悦，但是实际上维多利亚仍然和国王保持了很好的关系。国王对她总是很友善，他和她母亲之间的纷争也不会让她因此就厌恶国王。她说，他是"古怪，十分古怪，异常古怪"，但是"他的意图总是被人误解"。他现在写信给她，每年提供给她一万英镑，还答应说她这笔钱不属于她的母亲，随她自由支配。财政大臣孔宁汉受托将这封信交到公主的手中，当他交出信件的时候，公爵夫人伸手接过了信。孔尼汉恳请公爵夫人原谅，并重述了国王的要求。于是，公爵夫人退了回去，公主拿到了信。她迅速回信给伯父，接受了他友好的提议。公爵夫人更加不开心了。她说，每年四千英镑对于维多利亚来说足够了，剩下的六千英镑应该由她享有才合适。

威廉国王摆脱了他的病痛，重新回到了温莎王室的社交圈子里。国王和王后，以及上一代的公主们，还有一些不幸的使臣和内阁成员的妻子连续数个小时围着一张桃木桌聊天。王后编织着钱袋，国王睡着了，偶尔从他的梦中醒来说："另当别论，嗯，另当别论。"但是，这一切更像是回光返照。年迈的国王再次病倒了，除了极度的虚弱之外，没有其他特殊的症状。国王已经没有再次恢复健康的力气了，所有人都知道，他已时日不多。

所有的目光和思绪都转向了维多利亚公主。可是她仍然身在肯辛顿，消失在她母亲管控的巨大阴影里。过去的一年实际上是她发展中相当重要的一年，她心灵中那些稚嫩的触角逐渐伸向了那些不再孩子气的事物。为此，利欧波德国王返回布鲁塞尔之后，开始以更为严肃的方式与她通信。他详述了他的外交政策，讲述了他曾立下的为人君主的誓言，以及他眼中新闻媒体的虚伪与愚蠢。关于新闻媒体，他写得十分苛刻："像世界各地的那些媒体，连一条你心爱的狗落到他们手里都很危险，更何况是你的荣誉和名声。"对于君主的职能，他没有什么特别的看法："身为一国之君，应该时刻抱有公平、公正的精神，公正地面对一切美好事物。"与此同时，公主的兴趣也越来越广泛。虽然她仍旧将大部分时间用来骑马和跳舞，但是她逐渐对音乐产生了兴趣，尤其对意大利歌剧中的那些颤音和咏叹调有了很高的热情。她甚至开始喜欢读沃尔特·司各特的诗。

当利欧波德国王知道了威廉国王死期将至，就给她的外甥女写了好几封长信，提了很多建议。他说："在我写给你的每一封信中，我必须再三强调，作为一个基本的原则，你应该保持坚定、勇敢、诚实的品质。"接着，危机就要到来了，她没有丝毫警觉，但是她显得一点也不慌张，一切按部就班，对辉格党依旧信任如故。同时，利欧波德国王认为公主不应该没有私人顾问，因而他将自己最信任的朋友送去帮助她，这个人就是二十多年前在他心爱的夫人去世时抚慰他心灵的人。因此，就像是命中注定，史多克玛的身影在历史的关键时刻再次出现。

在 6 月 18 日那天，国王的健康状况明显恶化。坎特伯雷的主教在他的身边，给予他信仰的慰藉。这些圣言对于一个叛逆的灵魂来说，没有任何作用。几年下来，陛下已经成了一个虔诚的信徒。他曾经在一次公共的宴会上解释说："我清楚地记得，当我还是个年轻人的时候，只是一味地贪图享乐享乐。但是，有一次我去航海，遇到了大风，看到大海上的奇景，我就开始有了信仰。从那以后，我就成了一个虔诚的基督徒。"在滑铁卢战役的周年纪念上，他说，从那天以后，他认为自己应该开心地生活，现如今自己是没机会见到下一次日落了。钱伯斯医生说："我希望陛下能够长寿，能欣赏更多黄昏。""噢！那就另当别论了，那就另当别论了！"国王回答说。他还是又一次见到了黄昏，之后又过了几个小时，他在第二天清晨去世了。那天是1837年6月20日。

当这一切结束之后，主教和财政大臣派了一辆马车，匆忙从温莎赶到肯辛顿。他们五点钟抵达了宫殿门口，颇费一番功夫之后，他们才获准进门。在六点的时候，公爵夫人叫醒了她的女儿，并告诉她肯特伯雷的大主教和孔尼汉大臣已经到了，希望能见到她。她从床上起来，换上了她的长裙，独自一人走进信使所在的那间屋子。孔宁汉爵爷单膝跪地，正式宣布了国王的辞世，大主教又描述了当时的一些情况。看着眼前这些弯腰啜泣的尊者，她知道自己就要成为英国女王了。她在当天的日记中写下："既然这是天意，把我安排到这个位置上，我就要尽最大努力效忠我的国家。我还很年轻，在很多事情上缺乏经验，但是我相信，很少有人能够像我一样做得更好并且有决心做得更好。"现实没有给她留下多少做决定和思考的时间。马上，纷繁的事务就一起朝她涌来。史多克玛和她共进早餐时，给了她一些很好的建议。她给舅父利欧波德写信，还给她的姐姐菲欧杜拉写了张便条。而后，维多利亚接到一封来自首相梅尔本爵爷的信。上午九点钟，他就进宫了，身着一袭朝服，吻了她的手。她单独会见了他，重复着早餐期间可靠的史多克玛教给她的那些东西。"我很早就注意到您以及您的内阁成员了"，梅尔本爵爷再次亲吻了她的手，并且很快离开宫殿。她给王后阿德莱德写了份信表示哀悼。在十一点钟，梅尔本爵爷再次到来。十一点半钟的时候，她卜楼走进红色的大厅，召开了第一次御前会议。与会的爵爷们、主教们、将军们和内阁大臣看到大门打开，走进来一个个头矮小、体型苗条的女孩儿，她身着孝服，优雅高贵地朝着她的座位径自走去。他们看到她的容颜虽算不上美丽，却令人过目不忘。她浅色的头发，蓝色的眼睛，小而弯的鼻子，嘴巴张开露出上排的牙齿，下颚小，肤色干净，总体上奇妙地混合了天真、庄重、青春和镇定等多种表情。他们听见一个毫不颤抖的声音清晰地讲话。随后，仪式结束了。他们看到这个小人儿站起身，伴着完美无缺的优雅和高贵，从他们眼前走过，就像她进来时那样，只身一人。

Charpter III

第三章　梅尔本爵爷

第一节

　　新登基的女王还不太为她的臣民所了解。每当她出席公众场合，她母亲总是主宰一切。她依然过着修道院修女式的生活，很少有外界的人能够跟她讲话。除了她的母亲和莱纯爵士之外，没有第三个人能够进她的卧室来陪伴她。因此，不仅社会大众很少注意到她，就连宫廷内部的政客、官员和出身极好的女士们对她也近乎一无所知。但是，也正因为如此，她一旦走进公众视野，便会很快给人留下深刻的印象。她在第一次御前会议上的举止赢得了所有人的赞赏。惠灵顿公爵、罗伯特·比尔先生、野蛮的克罗克，甚至冷漠、粗暴的格雷维尔都被她的姿态征服了。随后对她的报道无一例外都很友好，称她理解能力强、决断明智、语言谨慎，她履行起自己的责任时应对自如。在百姓的心中，涌动着一股激情。看到这个体格小巧、单纯、谦虚并且有着淡淡头发和粉嫩脸颊的女王驾车驶过首都，旁观者的心中满是对王室的欢喜。

维多利亚女王和她的伯父们形成了强烈的对照，这种不同成了她征服大众的重要原因。那些既老又丑的男人们，玩忽职守、极其自私、蠢笨荒唐、负债累累、头脑混沌并且声名狼藉。在众人心目当中，他们就像是冬天的雪雾，最终继承王位而来的是光芒四射的春天。约翰·拉塞尔爵爷在一次精心准备的演讲中，表达了大众内心的情感。他希望维多利亚能够成为下一个伊丽莎白女王但却不像她那样实行暴政，成为下一个安妮女王而又不像她那么柔弱。他请求所有的英国人为这位新登王位、心地善良且充满争议的公主祈祷，希望能够推翻奴隶制度，减少犯罪同时改进教育。他相信她的子民将来会从启人心智的宗教和道德原则中获得力量、操守和忠诚，国力因此增强，他深信维多利亚执政的时代会被后代、甚至所有人铭记。

然而，不久之后，有迹象表明未来的形式并不如大众设想的那样简单和乐观。或许，在这位"高贵的公主"心中，仍然存在着某种不同于教化故事中那个完美女英雄的因素？它们到底是什么？举个例子，对于那些观察仔细的人来说，他们也许看到了女王那张小嘴的奇怪轮廓中的不祥征兆。当第一次御前会议召开之后，她走过接待室，见到了正在等待她的母亲，她说："亲爱的母亲，我真的已经是女王了么？""如你所见，我的宝贝，正是那样。""那么，亲爱的妈妈，我希望你答应身为女王的我向你提出的第一个要求。让我一个人待一个小时。"那一个小时，她独自一人。然后，她再次出现，发布了重要的命令：把她的床挪出她母亲的房间。肯特公爵夫人的劫数到了。多年的等待终于到头了，生命中的这个时刻终于来临。她的女儿成了英国的女王，但是这样一个时刻却使她颤栗。她发现自己已无可奈何地与一切影响力和权力彻底切断了联系。的确，从外表上看她仍然被尊敬环绕着。但是，实际上她的位置已经变得十分尴尬，她显然再也不可能走进维多利亚的内心。她无法隐藏她的失望和愤怒。她对利芬夫人说："我再也没有什么前途了，我完了。"她说，十八年以来，这个孩子是她活下去的唯一目标，占据了她的思想，是她的希望，而现如今她却要为失去一切而痛苦到极点。她像是一艘张满风帆的军舰，如此威风凛凛且坚持不懈，但如今却要驶入码头了，却发现那里除了荒凉的废墟，再无其他。

继承王位一个月之后，新的形势已经大致形成。整个王室家族从肯辛顿搬到了白金汉宫，肯特公爵夫人被安排居住在一些完全和女王隔离的房间里。这个变化是维多利亚本人所赞同的。虽然在分离的那一刻，她看上去有些多愁善感。她在日记中写下："出于许多原因，我对于搬家到白金汉宫感到很开心，告别这个我出生的地方并非没有遗憾，我在这里出生成长，我和这里心意相连！"过去的回忆瞬间涌上心头：她姐姐的婚礼，有趣的误会以及美妙的音乐会，以及其他种种。她总结说："我在这里所经历痛苦和不愉快的事情都真真切切。但是即便这样，我仍然喜欢这座老宫殿。"

与此同时，她做出了另一个决定。她决心再也不要见到约翰·康罗伊。她以给他自由的方式奖励他曾经的付出：他被授予了男爵爵位和每年三千英镑的年金。他虽然仍旧是公爵夫人的家臣，但是他和女王的交往就此中断了。

第二节

    家庭内部的变化非常明显，莱纯爵士的胜利是显而易见的。牧师的女儿见证了敌人的溃败。她保持着谨言慎行，最终得以凯旋，她在王宫中站稳了脚跟。她比以前更加殷勤地在她女主人的身边侍奉，同时也是她的学生和她的朋友。莱纯这位神秘人物身在宫廷的隐秘之处，虽然人们不常见到她，但她却无处不在。当女王的大臣们进入大门时，莱纯从侧门走出；当他们退下，她又迅速返回了。没有人知道她的影响力有多大。她声称她从来不和女王谈论公事，她只是关心女王的书信和生活琐事。然而，在维多利亚早年的通信当中，莱纯的痕迹清晰可见。日记是小孩子的风格，但是信件却不那么简单。那是小孩子的笔记，但是这些极少修改的语言显然被莱纯整理过。或许她不免有狭隘、善妒、小气之处，但她绝不愚蠢。她是个精明并且充满活力的女人，有不同常人的洞察力，以及特别的优势。这种优势是她有意保持的。毋庸置疑，从理论上说她没有参与公事，但是公事和私事之间实际上只有一步之遥。尤其是对于一国之主来说，公与私经常只是一种假设罢了。莱纯在白金汉宫的卧室就在女王卧室的隔壁，仅仅是关心女王生活琐事的说法恐怕远不足以解释这些事。

虽然莱纯爵士的影响很大，但终究存在一定限度，并非不受约束。除此以外还有其他的力量在制衡。比如，忠心耿耿的史多克玛已经在宫殿里住了下来。自从夏洛特公主去世之后，他经历了很多，发生了值得注意的变化。他已经从一个落魄公子的无名谋士攀上了整个欧洲政坛的重要位置。他不仅对主人一片忠心，也会提出批评，懂得用智慧与之相处。是史多克玛的建议使得利欧波德王子在妻子死后的几年仍然留在英国，帮他找到了日后的靠山。也是史多克玛解决了王子先接受希腊王位而后却反悔的难题。同样还是史多克玛，引导王子成为比利时的立宪君主。最重要的是，史多克玛圆滑、诚实，有外交手腕，这些能力使他在艰难曲折的谈判中，让列强承认了比利时中立的政治立场。他的辛苦劳动收获了德意志男爵爵位以及利欧波德国王的全部信任。他不只在布鲁塞尔一地受到别人的尊敬和重视，执掌英国的那些政治家们，格雷爵爷、罗伯特·皮尔先生、帕默斯顿爵爷以及首相梅尔本对他的正直廉洁和聪明机敏都给予了高度赞扬。梅尔本爵爷说："他是我见过的最聪明的人之一，他也是最谨慎、最具有判断力、最冷静的人。"帕默斯顿爵爷称史多克玛男爵是他见过的唯一一个没有私心的人。在他生命的尾声，他得以从科堡退休，并且享受与妻子、孩子在一起的几年时光。然而到目前为止，由于工作原因，他只能一个月或两个月与妻小短暂相聚。在1936年，他再次被委以重任去参与一次重要的任务，他成功地撮合了利欧波德王子的侄子萨克斯·科堡的费迪南德王子和葡萄牙玛利亚女王二世的婚姻。科堡的血脉遍布整个欧洲。在1937年，男爵入住白金汉宫，另一段重要的历史拉开了序幕。

利欧波德国王和他的谋士通过他们的事业让历史见证了人类的野心。人类的欲望层出不穷，满足这些欲望的方式也同样花样繁多。利欧波德渴望控制整个欧洲王室。仅仅是权力还不足够吸引他，他必须成为实质上的国王。如果要达成目标，被人认可是必要的条件。他所梦想的是有一个完美的外表，成为皇上，做各国君主的兄弟，为外交的目的娶一个波旁王朝的女人，和英国女王保持通信，他行事更加严格、一丝不苟，创立一个王朝，不厌其烦地跟大臣磋商议事，在巅峰位置上、将他的一生奉献给公共事业。这些就是他的野心，实际上也是他的成绩。乔治四世称他是"步步高老爷"，说他会得到他想要的一切。如果不是史多克玛的野心和他所采取的方式形成互补，那么他绝对不可能走到今天。男爵所寻求的是不露声色的君权。他最大的满足是身处暗处，通过一扇暗门来到权力的核心之所，坐在那里，静默无闻地拉动绳索，使整个世界的齿轮转动起来。即使是那些身处高位的人，也很少知道史多克玛男爵是个十分重要的人物：这样就足够了。主仆的命运息息相关，荣誉与共。男爵的隐秘手段使利欧波德得到了意料之外的王位；而作为回报，随着时间流逝，利欧波德提供给男爵越来越多通往权力殿堂的钥匙，为他打开了更多权力之门。

史多克玛以利欧波德国王密使的身份在宫里住下，成了这个年轻女王的朋友和谋士。毫无疑问，女王也需要他的建议和这份友谊。如果说他们两个都藏有私心，那是不对的。实际上，利欧波德非常清楚如何为自己谋取利益。但另一方面，经历了一番险象环生的多变生活，他也已经掌握了如何以圆滑手段处理国际事务的经验，能运用这些经验去强化地位并扩大自己的影响。他的地位越是稳固，影响越是广泛，欧洲的发展越是平稳，这一点他十分清楚。况且，他是立宪君主。如果一个立宪君主意图卑劣或只谋私利，那这个君主实在不成体统。至于史多克玛，正如帕默斯顿公爵曾经夸赞的那样，毫无疑问无私是他性格中的一个基本要素。一般的谋士总是乐观主义者，史多克玛却因为消化不良饱受折磨，并经常有一些不好的预感，他实在是个忧郁的人。他是个谋士，但是他多疑、急躁地谋划，确实是为了为善。去做善事！还有什么比这更伟大的谋略？尽管，这种权谋毕竟有些危险。

有莱纯去审度维多利亚的每个行动，有充满智慧和处事经验的史多克玛陪伴左右，还有和舅父利欧波德的通信，有这些人不断给予她鼓励和建议，即便没有其他的指导，维多利亚也不缺私人谋士。虽然如此，她还有另一个人的指导：一颗新星突然出现在地平线上，迅速地控制住了她的生命。

第三节

梅尔本子爵威廉·兰姆，已经五十八岁了，完成了最后三年英国首相的职务。从外表来看，他是人类当中最有福气的人之一。他出生在富贵、智慧并且有权力的家庭当中。他的母亲美丽而机敏，是辉格党伟大的女主人，他成长于18世纪后期，一个集贵族社会百年之大成的时期，成为这个光辉社会中的一员。上天赐予了他俊朗的外貌和智慧；兄长的意外身亡让他拥有了更多财富、贵族身份和取得更大成就的可能。在这样一个光彩熠熠的社交圈子中，尽管一个人存在短板，但还是很难失败。更何况他有许多优点，取得成功是不难的。只要稍加努力，他就在政治上做出卓越成就。由于辉格党的胜利，他成了政府的领导人之一，当格雷爵爷从首相的位置上退休之后，他迅速地填补了空位。也不只是这些好运在起作用，上天给予了他那样好的天赋，他注定是要成功的。他的心灵柔软而广博，他的脾气冷静而机敏，有了这些，他在工作和生活中都能顺心得意、无往不利。在社会上，他以能说会道著称。如果有人仔细观察，很容易就会发现他的不同寻常。他谈话当中的讽刺，他举止大方随意，而是一种内在个性的外在表征。

这种性格实际上难以估定，它十分含混、复杂，也许还有些自相矛盾之处。的确，他的人生经验和运气之间确实有不和谐的地方。他将其所有的一切归功于自己的出身，但他的身份是令人感到羞愧的。众所周知，他的母亲深深地爱着艾洛蒙特爵爷，并且知道梅尔本爵爷不是子爵的生父。他的婚姻，看上去是他青年时期生命激情的果实，实际上是一个漫长的、悲剧感十足的巨大失败，那个靠不住的卡洛琳：

> 娇贵而时常不满，
> 活泼却永不安定，
> 聪颖但不服说教，
> 平庸虽想法颇多。

卡洛琳几乎对他的一生造成了巨大破坏。当他最终从她的愚蠢所导致的困惑和痛苦中脱身而出，他身边留下的只是一出出悲喜交加的剧目和他们唯一一个低能的孩子。但即便是这样，她还是要感谢卡洛琳女士。当她和拜伦暗度陈仓时，他待在家中埋头读书，抱着近乎玩世不恭的态度，放任他们胡来。因为这个原因，他养成了学习的习惯，表现出对知识的向往。他掌握了大量有关古典与现代文学的内容，这些东西出乎意料地构成了他精神世界的一个部分。他阅读的热情从没有退却。即便是当上了首相之后，他也要抽出时间去阅读一部部新书。他性格中存在一些矛盾，他最喜欢的是神学。作为一个已经能通达古典的学者，他研读了多位教父的论述。大量的解经、释经的文本他都仔细阅读过。无论遇到哪个特殊时刻，他都会打开《圣经》。对于他心爱的女人，他总是将自己写满旁批的启示录借给她们，或者给她们拉德纳博士所著的《犹太人所传玛格达莱妮事迹考辨》。那些虔诚的小姐们认为在这些研究的引领下，他有极大的希望走上正途。但是，这一点在他的饭后闲谈中却看不到任何的迹象。

他政治生涯中的悖论令人感到奇怪。在性格上他是个贵族，信仰上是个保守派，但是他却领导了一个前卫的党派，一个富于变革的党派。他曾经对《改革法案》深恶痛绝，最后他把法案当成一个不可避免的改革缺陷接受了。可实际上，《改革法案》是他所组阁的政府的命根子，也是这个政府的最大价值。他对于任何一种进步都保持怀疑。对于他来说，事情最好是顺其自然，或者说这是最不坏的办法。他有这样一句名言："你最好别去做好事，这样就不会陷入麻烦。"在她看来，最好的教育是无用的，对穷人的教育充满了挑战和危险。工厂里的童工呢？"噢，你最好放着他们不管！"自由贸易是欺骗、投票是无稽之谈、普天之下也没有民主一说。

尽管这样，他倒不是个反对派；只是个普通的投机者。

整个政府的责任，他说，是"防止犯罪和保护契约"。他想做的事情只是维持原样。他个人以值得夸耀的方式维持着这一切，他不断妥协，不时摇摆，他身上存在矛盾，也有缺陷，同时还有精明、绅士作风和正直品性，还有对于人和事的圆融把握。对于商业交易，他总是漫不经心地完成。被引荐的重要客人总是能看到他躺在一张吊床上，将书籍和报纸扔得哪儿都是，或是见他在洗漱间漠然地刮着胡子。但是，当他们再次走下楼时，他们恍然醒悟好像他们被榨取了什么。当他要接见代表团的时候，他很难表现出严肃以待的表情。牛脂蜡烛的代表商或者"死刑废除大会"的代表总是在言说过程中感到压抑和困苦，首相大人总是专心吹着羽毛，或者突然之间开一个不识大体的玩笑。他们怎么能够想到首相昨天夜里仔细研读了他们提案的每一处细节？他对于任免调度人事的事深恶痛绝，同时还讨厌委任——在大臣中还很少有人是这样的脾气。"至于主教，"他脱口而出，"我有十足的理由相信他们就是要惹我生怨。"但是事到最后，他还是要做出委任，他的决定总是显得很有眼光。他的幕僚发现了另一个现象，他在开内阁会议的时候总要睡着，他们疑惑这是他不负责任还是他太过聪明的缘故。

他如果早出生几年，也许会是个更加简单、快乐的人。事实就是这样，他是个在 18 世纪出生的孩子，他的命运被交给了一个崭新的、困难的时代。他像是一朵晚秋玫瑰。尽管温柔倜傥、幽默有趣、随遇而安，但是他的内心却被深深的焦虑与不安占据着。作为一个多愁善感的犬儒主义者、一个怀疑论者，他的内心不安而冷漠。尤其是，他不会强硬起来，那些多愁善感的情绪总像迎风飘落的花瓣。不论他还有什么其他特点，有一件事是确定的，梅尔本爵爷是个令人亲近且善解人意的人。

现在，他逐渐上了年纪，他的生活却突然发生了转变。刹那之间，他成了那个从育婴房里走上王位的女孩儿最紧密的谋士和日常生活的伴侣。没有人能够估量他婚姻生活的变化和复杂的情感。卡洛琳虽然消失了，但是他的多愁善感依旧没有改变。女性世界，从某种程度上来说对他必不可少，并且他也不会节制自己。一天当中的大多数时间近乎全用在了女人身上。他身上的女性特质使他能够更自然、便利并且不可避免地和很多女人成为朋友。但是男性气质在他身上同样很强大。在这种情况之下，有些人跟他就不只是朋友关系。流言和骚动迅速地蔓延开来了。梅尔本爵爷做过两次离婚案的被告。但是每一次，他都能胜诉。那位可爱的布兰登女士，还有郁郁寡欢但却聪慧的诺顿夫人……法律帮他开脱。在这之外，就是穿不透的迷雾。但是无论从哪种程度上来说，有了这样的记录，首相在白金汉宫中的位置变得十分微妙。然而，他一直都行事周全，他最终能够成功地处理好绝大多数事情。他的行为从一开始就无可厚非。他对待年轻女王的方式，融合了政客与朝臣的谨慎、尊重以及像父亲一样的关怀。同时，他的生活习惯也在发生惊人的变化。过去，他在白金汉宫中仍然保持随意的、不守时的生活方式。但如今，他再也不会随意躺在沙发上，再也没有诸如"该死"这样的词从他的嘴里说出。这位曾经和拜伦以及王储们称兄道弟的男人，这个曾经在荷兰府邸说出些奇谈怪论的夸夸其谈者，这个曾经满嘴污言秽语、喝酒成疯的玩世者，这个颇有才情并曾经用甜言蜜语诱惑了众多佳人的恋爱圣手，现如今却安静而严谨地在跟这个学龄女孩儿讲话，每天如此。

第四节

　　而对于维多利亚来说，她几乎立刻就被梅尔本爵爷给迷住了。史多克玛对爵爷的好评无疑起了作用，莱纯也聪慧地表达了对爵爷的欣赏。可贵的是，第一次留下的好印象在之后的接触中仍未破坏。她觉得他近乎完美。在她眼中，他能够保持这种完美。她不加掩饰的钦慕是非常自然的。试问在哪种情况之下，一个无知单纯的女孩儿能够拒绝具有如此魅力和全身心投入的男人？更何况，经过了多年的空虚和压抑，她突然抵达了充满自由和能量的青春全盛时节。她如今是她自己的主人了，同时也是众多仆人和这座官殿的主人，她是英国女王。毫无疑问，她身负重大的责任。但是主宰一切的感受使她感到快乐、情绪高涨。格利维先生现在已经老迈了，将要走到生命的尽头，当他在布莱顿见到她的时候，他发自内心地对"小维"感到开心。"你不会注意到比她更平凡的东西，她努力使自己表现得从容。她的笑容发自内心，嘴巴能张多大就张多大，露出不很好看的牙龈……她吃东西和微笑一样发自内心，她想她要表达的意思是狼吞虎咽……她每时每刻都在笑着，脸颊红润，情感自然，让人没有办法不喜欢她。"但是这并不意味着她只有在笑或者狼吞虎咽的时候，才活得快乐。履行官方的责任也使她感到开心。她在继任后几天的日记中写下："我实在忙得不可开交，我不断地收到朝臣的公文，但是我享受这种感觉。"一个星期后，她再一次写下："我又要重复之前的话了，我收到朝臣如此多的公文，然后再把我的批复下达给他们，每一天我都有很多文件要签署，有很多事情要处理。我对这些工作感到开心。"这个女人天生强烈的兴趣，似乎已经呼之欲出。

她之所以快乐，还有一个原因值得格外注意。除去显赫的社会和政治地位，她还是个家财万贯的人。议会召开以后，她获得了每年三十八万五千英镑的年金。除掉维持家用的正常开销，她每年仍旧可以留下六万八千英镑。除此以外，她还享有兰开斯特公爵的税收，每年共计二万七千英镑。她首先把钱用来偿还他父亲的债务，这最能体现她的性格。在与钱财有关的事务上，她决心要避免错误。她天生具有商业头脑，绝不能允许在经济上被人诟病。

因为有青春和幸福作为时间的装点，日子过得十分快乐。每一天她都要围绕在梅尔本爵爷身边。她的日记清楚地表明，在这个年轻的君主继承王位最初那几个月里，她的生活井井有条，公事繁忙但却快乐，生活简单而满足。还有诸如骑马、吃饭、跳舞等活泼、闲适并且随心的娱乐活动。就这种生活本身来说，已经非常好了。在这段时光里，"梅爵爷"光彩耀人、伟岸卓越的身影逐渐显现了。如果她是故事里的女主角，那么他就是男主角。但是实际上，他们的位置远远超出了男女主角，因为除了他们两个以外，再没有其他的角色。莱纯、史多克玛以及利欧波德舅父都是不真实的暗影，是跑龙套的角色。她的乐园里只有两个人，仅此足矣。我们仍然可以从那些质朴的文字中间隐约看到他们的形象：这对古怪的伴侣出现在将近八十年前某个黄昏的神奇光晕之下，一个是身材高大而优雅的绅士，头发与胡须已经花白，深色的眉毛下是一双深情的眼睛；在他身边是那位个头矮小的女王，她皮肤白皙，身形苗条却不失优雅活泼，她身着朴素女士裙裾和披肩，蓝色的、微微凸出的双眼真诚而满是崇拜地看着梅爵爷，嘴巴半张着。他们以这样的形象出现在记录历史的文字中，几乎每一页上都有梅爵爷，他不仅有趣，还能给她提供一些指导，待人忠诚，总能令人开心。当维多利亚沉浸在那些甜言蜜语中时，她笑了，随之露出了她的牙龈，她想要把一切都记住，等到只剩下他一个人的时候，马上跑回去，把这一切都记下来。他们对话的内容十分广泛。梅爵爷会批评一些书，或者对英国宪法议论一两句，对过去的生活经历发些感慨，或者一个接一个地讲述 18 世纪大人物的故事。此外还谈及公事，比如由梅爵爷读一份来自加拿大的达拉莫爵爷的公函。但一开始，他必须要稍加解释。他说："必须知道加拿大原本从属于法国，在 1760 年割让给了英国，被伍尔夫的远征军占领，这是一项极其勇敢的事业。加拿大原本都是法国人，在那之后英国人才过去……"梅爵爷非常清楚地解释了这些事，关于这一点他还说了很多。他接着向我读了达拉罕的公函，相当长，足足花费了他半个小时。梅爵爷用他温柔的嗓音饱含深情地把信读完，不用说我对此十分感兴趣。有时，两人也会谈些私事。梅爵爷讲了很多他童年的事，借此她知道了"梅爵爷一直到十七岁时，还留着长发"。她还发现了他独特的癖好和习惯，他从不戴表，这看起来十分古怪。"我总是会问仆人时间，然而他立即就会告诉我"，梅爵爷说，"或者，当白嘴鸦围绕着树打转的时候，这一行为就暗示将要下雨。"他说他能坐着看一个钟头，而且"对于我不喜欢乌鸦感到很吃惊"。梅爵爷还说，白嘴鸦是能让他开心的东西。

无论在伦敦还是温莎，日常生活同样按部就班。早晨的时间用来处理公事和陪伴梅爵爷。下午整个朝廷都要出去骑马。女王穿着天鹅绒马术服，戴着一顶有面纱的高帽，走在队伍的最前头，梅爵爷则在她旁侧。队伍行驶得很快也很远，女王陛下十分开心。再回到宫殿，在晚餐之前有些小游戏，或者是打羽毛球，或者是和走廊里的小孩子嬉闹一阵。晚餐的时间到了，仪式必须严肃起来。地位最高的人坐在女王的右手边，左手边的座位则属于梅尔本爵爷。在女士们离开餐厅之后，绅士们也不允许在那里逗留很久；实际上，他们有短暂的喝酒时间，但因此生出的谣言成了女王和首相之间的众多矛盾之一。[1]因而女王决定禁酒，饭后的醉酒便再也不流行了。当大家再相聚在客厅时，礼节变得很死板。女王在几分钟的时间内，向她的来宾表示问候。从短暂却拘谨的对话中，让人感受到了王室生活的沉闷无聊。一天晚上，枢密院的秘书格雷维尔先生也在现场，不一会儿就轮到他了。格雷维尔人到中年，面色难看，身体发福，他等待年轻的女主人与他交谈。女王问："你今天骑马了吗，格雷维尔先生？"格雷维尔先生回答道："没有，陛下，我没有骑马。"女王继续说："今天天气很好。""是的，陛下，天气不错。"格雷维尔回答道。"只是有点冷，"女王道。"今天相当冷，陛下。"格雷维尔先生答道。"你的姐姐，弗兰西斯·埃杰顿女士今天也骑马了，是不是？"女王问。"她有时候会骑马，陛下。"格雷维尔道。停顿了一会儿，格雷维尔尝试着主导对话，即便他不敢更换话题。"陛下您今天骑马了么？"格雷维尔先生问。"是的，骑了很远。"女王生动地回答道。"陛下您的马一定很棒吧？"格雷维尔问。"噢，一匹骏马。"女王答道。对话就这么结束了。女王冲他微笑并向他点头示意，格雷维尔先生深深地鞠躬，与此同时女王开始和旁边的人进行交谈。当所有的客人都面谈过之后，梅尔本爵爷坐在女王身旁，滔

---

1 贝德福德公爵告诉格雷维尔，说他"确信她与梅尔本之间有一番争斗……他确定这一争斗是关于饭后男士们的去留，因为他听到她很生气地对梅尔本说'这是个可怕的习惯'——但是当女士们离开房间，（他在场）男士们被告知可以再留五分钟。"格雷维尔回忆录，1840年2月26日。（未刊发）

滔不绝地说着话，直到十一点半大家才散去。

有时候，也会有一些其他消遣，可以在夜间去看歌剧或者戏剧。第二天早上，王室批评家很认真记录下她的印象。"这是莎士比亚的悲剧作品《哈姆雷特》，我们在剧目开始的时候就到了。查尔斯·基恩先生扮演了哈姆雷特这一角色，我必须说完美极了。他对这个非常困难，甚至可以说难以理解的角色的把握让人钦佩，他的长篇独白十分优美，他的表演卓越，动作和态度相得益彰……当《哈姆莱特》结束，我就离开了。"不久之后，她去观看麦克雷迪演的《李尔王》。这个故事对于她来说是新颖的，她对李尔王的故事一无所知，一开始她对舞台上发生的一切几乎毫无兴趣。她更愿意和官廷大臣嬉笑聊天。但是，随着剧目的进行，她的心情发生了转变。她的注意力渐渐集中，她不再嬉笑了。梅爵爷作何感想？梅爵爷一定觉得这是一出极好的剧目，不过当然是"一出粗俗的剧目，为了那个时代而写，这些角色太过夸张"。"我很开心你看到这出戏。"他补充道。但是，毫无疑问，她最喜欢的是那些舞会的夜晚。她常常借各种理由开办舞会。然后，当乐队开始奏乐，舞者的身影便随着音乐摇摆晃动，她觉得自己也跟着摆动了起来，四周是年轻的灵魂。她快乐极了，她的目光闪烁，她必须继续跳下去一直跳到天亮。甚至有那么一会儿，她竟然把梅爵爷抛到了脑后。

第五节

时间飞快流逝。夏天就要结束了："我不会忘记登基以后的第一个夏天，这是到目前为止我度过的最快乐的夏天。"时间流逝的速度让人吃惊，另一个夏季转眼间来临了，就像一个奇异的梦。那种古老的、繁复的、无休止的仪式不断地进行着，就像是复杂至极的机器，并且出了些小问题。那个年幼却核心的人物走到了旋涡的中心。在加冕礼那天，她时而坐下、时而走动、时而祈祷，她手中拿着一个重到拿不动的宝球。坎特伯雷的大主教来了，给女王戴错了戒指。因为疼痛，她差点哭出了声音；当年迈的罗尔爵爷要向女王表示敬意时，不小心被自己的长袍绊倒，摔倒在了台阶上；他被引到了旁边的小礼拜堂，那里的祭坛上有一块桌布、三明治以及数瓶白酒；她察觉到莱纯在高处的隔间里，当女王落座时她会心一笑，接着她穿上了王袍并戴上了王冠。她在日记中这样写下："我将永远记住我一生中最值得骄傲的一天"。

维多利亚女王传

当她回到白金汉宫时，她甚至没有感到疲惫。她跑到自己的房间，脱下华服，给她名叫达什的宠物狗洗了一个澡。

生活又像往常一样平淡顺利地流逝过去。尽管，偶尔也会有不顺利的事。比方说，舅父利欧波德的行为就常常使人痛苦。这位比利时的国王试图依靠自己在家族中的身份影响国家之间的外交。英国女王是他的外甥女，甚至像是他的女儿。他信任的代理人在女王的宫廷里受到恩宠。在这种情况之下，他显然不想失去依照自己的意愿左右英国外交政策的良机。

他谨慎地进行着这项计划。他继续通过写信向维多利亚提供建议。在她继位后的几天中，他建议英国女王在一切可能的场合强调自己的英国出身。他说："在你做出任何重要决定之前，我都很乐意你来咨询我，这样可以帮你节约更多时间。没有什么比在毫无准备的情况下贸然做决定造成的伤害更大。"他的外甥女随即回了信，虽然照例饱含深情，但是她的回答有些模棱两可："你的建议对我总是很重要。"

利欧波德心想，他是否有些过分了？也许是维多利亚太匆忙了。但是无论是哪种情况，他都应该更加小心。他对自己说，为了有更大进展，他要先退一步。在下一封信中，关于向他请教的事，只字未提，他只是泛泛地强调在抉择问题时智慧很重要。到目前为止，他的忠告被接受了。可以看出来，当有人向女王提出建议的时候，女王极少迅速给予回复。即便是梅尔本爵爷，也是一样。比如当梅爵爷就某些事项向女王提问时，她总是回答说，她要仔细想想，隔天再告诉他决定。

利欧波德国王的建议接二连三地到来。他说，利芬公主是个危险的女人，她总是试图窥探那些与她不相关的事情，并提醒维多利亚多加注意。"我极力推荐一项制度：人们应该谈论与自己相关的事情，如果对别人的事指手画脚，应该让这样的人注意到自己做错了事。"结果没有使利欧波德的预期失落，他的建议被采纳了。利芬公主自以为找到了听众，已经准备要说一些推心置腹的话了。但是女王面露窘色，除了一些客套话之外，什么也不谈。利芬夫人还以为是自己说错了话。

利欧波德国王的下一个建议值得注意。他指出，信件几乎都会在邮局中被人偷看。毫无疑问，即便这一漏洞并非没有任何好处，这非常不安全。"让我来举个例子：譬如关于要塞的问题，我们仍然受到来自普鲁士的困扰。如果想要告知普鲁士政府一些不便以官方形式告诉他们的事情，我们可以请驻柏林的大臣发一封公函，并通过邮局寄送。普鲁士人一定会偷看信件，并且通过这种方式知道我们的态度。"类似的情境也会发生在英国。国王说："我告诉你这些伎俩，你便能够防御它。"这都是立宪君主的微妙之处。

看上去是时候再进一步了。利欧波德国王的信中讲的全是外交政策，比如西班牙和葡萄牙的情况，路易斯·菲利普的性格，并且他收到了他想要的答复。维多利亚开始把信件上与政治相关的部分交给梅尔本爵爷过目。但是，她依旧继续与利欧波德讨论外交事务。看上去，她也乐意就这些事件与她的舅父交换观点。到目前为止，一切还不错。虽然利欧波德国王仍然十分谨慎，但是外交危机正在迫近，虽然他目前不动声色，等事情到了最后，他便不再保持沉默了。这一点对于他来说极为重要，在同法国和荷兰的斡旋过程中，他希望得到英国的支持。但是，英国政府实际上采取了中立的态度。这太糟糕了，不是支持他而是反对他，难道英国人会视而不见？也许，他们正举棋不定，维多利亚向他们施加一点压力的话就能够挽救大局。他在信中写下："尊敬的陛下，我真切地期望能从您那里得到支持。你能够偶尔向你的朝臣们，还有尊敬的梅尔本爵爷表示，只要不和你们国家的利益相冲突，你会选择支持我。否则很快就会导致一个国家、你的舅父以及他家庭的毁灭。"然而，结局却与利欧波德的设想大相径庭。一个多星期过去了，他仍然没有收到任何复信。当最后维多利亚复信时，她表现得十分慷慨。"我敬爱的舅父。实际上，就这件事情来看，你错得离谱，但愿你不要认为我对你的感情和依赖会发生变化，我们的情感没有任何事情可以改变。"当她提到外交政策时，虽然长篇大论地说了很多用词周密的话，但却没有实际的内涵，它们不过是那种官方的外交辞令而已。她说，她的朝臣在这件事情上完全同意她的想法，她理解并且对她挚爱的舅父所遭遇的苦难感到同情。他可以放心，"无论是梅尔本爵爷还是帕默斯顿爵爷都一直很关注比利时的繁荣和福利"。如此而已。在复信当中，利欧波德国王说他很开心，并且回应了她外甥女的亲密誓约，他说："我最亲爱的维多利亚，你给我写的长信令我感到快乐和满足。"但是他不愿意承认自己的请求实质上被断然拒绝了。

几个月之后，危机来了。利欧波德国王决定孤注一掷，这一次他决定用国王和舅父的双重权威使维多利亚顺服。他在一封突兀并且语气强硬的信中，又一次向他的外甥女表达了立场。他写下："你知道，以往我从来没有请求你做过任何事情……但是正如我之前所说，我们如果不能严肃地对待这件事，最终会产生严重的后果，每个人都会受到牵连，这件事应该引起我们的警惕。我亲爱的维多利亚，我仍然是那个对你饱含深情的舅父，利欧波德国王。"女王立即将信件转交给了梅尔本爵爷，他措辞得当，但复信仍旧没有任何实质性的内容，他建议女王继续给她的舅父回信。她照做了，照抄了那些精挑细选的措辞，并且使用了大量的"亲爱的舅父"作为点缀。在信的结尾，她写道"代我向露易丝舅母以及孩子们表示致敬。"这样，利欧波德国王应该能够理解事情的结局了。他的最后一封信与政治毫无关系。他写下："得知相较于去年你更喜欢布莱顿，我感到十分开心。我觉得，此时的布莱顿气候宜人，最适宜居住，因为暖风正从东方吹来。待在凉亭当中会更加舒适。在我结婚以前，我曾在那里遇到过摄政王。后来，夏洛蒂跟在年迈的夏洛蒂女王身后。这一场景已经远去了，但是仍然停留在我的记忆当中。"就像可怜的利芬女士，利欧波德国王感到自己做了错事。

即便如此，他仍然不愿意完全放弃希望。另一个机会出现了，他要再试一次。但是，他对这件事没有十足的把握，希望很快就破灭了。女王回信说："我亲爱的舅父，我得对你上周日的来信表示感谢。虽然你看上去不欣赏我的政治观点，但我认为我们最好还是不要再提这些事了。它们可能最终成为导火索，特别是当我们不能达成共识的时候，我感到非常遗憾。因此，我仅将我谈话的内容限制在对比利时繁荣与福利的美好祝福的范围之内。"从那之后，很明显，再也没有人想多说什么。因此，在国王的信中似乎能够听到哀婉的声音。"我亲爱的维多利亚，你那封令人开心的信件已经收到了，就像一支射向我内心的箭。是的，我的宠儿维多利亚！我爱你爱得深沉……我爱的是你，那个我曾深切关注的可爱的小孩。"他经历了太多苦难，然而，人生虽然有失意之处，但是也有令人满意的地方。"我有了一切可能得到的荣耀，从政治地位上说，我已经站稳了脚跟。"但是，除了政治之外，还有别的事情，比如他内心深处对于浪漫的渴望。"我心中唯一剩下的东西就是怀念东方，我想在那里度过余生，就像阳光从东方升起、从西方落下。"同时他表达了对外甥女的忠诚："虽然毫不夸张地说，命运选择了委我以重任，无论是政治上还是生活方面，我都有相当丰富的经验，但是我从来没有将我的帮助和想法强加于你。我一直想帮到你，无论何时何地，原谅我不厌其烦的赘述，我想得到的只是你真挚的爱意。"

第六节

　　和利欧波德国王的通信透露出维多利亚部分的性格特征。她对她舅父的态度从来没有发生过改变，他提的建议，她总是言听计从。然而，英国的对外政策不是他的职权，那是她和朝臣的责任，他的暗示、恳求、执着都毫无用处，他必须知道事情的本质。正因为她对舅父的尊敬和爱意，她的立场才显得十分坚定。从始至终，女王都是他忠诚的外甥女。利欧波德本人也一定会妒忌这毫不动摇的方正。但是，这种品质在年长的政治家身上是可敬的，在一个十九岁的女孩儿身上就让人觉得吃惊了。那些享有特权的观察者们并非没有忧虑。那种爽快与坚定、坦白与沉默、稚气与骄傲的奇妙混合，似乎预言着复杂而充满危险的未来。随着时间的流逝，这一新奇的性格愈加令人担忧。最明显的问题是她专横与独断的脾气，习惯以自我为中心。宫中的规矩非但没有更宽松，反而变得越发严格。在某种程度上，这是由于受到了莱纯的影响。若果真如此，莱纯便有了一个死心塌地的学生。因为但凡有人稍稍违反那一成不变的规则，一定会迅速遭到女王傲慢的白眼。虽然她的眼神很犀利，但是远不及她的嘴凶狠。她的独断表现在那些突出的小牙齿和凹陷的下巴上，比一个有力的下巴更具有威严。这种自我独断不是一种冷静的状态，同时也是不讲道理的。而国君的执拗又远胜常人。

在继承王位的两年之内，狂风骤雨从一开始在地平面上隐约闪烁，到现如今集聚爆发。维多利亚和她母亲的关系没有发生任何改变。肯特公爵夫人表面上仍受到维多利亚的孝敬，但实际上已经成为白金汉宫里那个不被人注意、失去权力并且无人在意的角色。约翰·康罗伊先生被女王从自己的视线中驱逐了出去，虽然他仍管理公爵夫人的家务，但这个家庭在肯辛顿时就有的怨恨仍在。菲欧杜拉·黑斯廷小姐仍旧肆无忌惮地开着玩笑，莱纯的憎恨也丝毫未减弱。一天，菲欧杜拉小姐发现玩笑反而开到她身上来了。在1839年年初，她跟随着公爵夫人一起旅行，她与约翰先生同乘一辆小马车返回苏格兰。她体型的变化无意之中成了笑话。流言四起，这个笑话变得一发不可收拾。据说，菲欧杜拉怀有身孕。她的健康状况恰好印证了这种说辞，她向王室医生詹姆斯·克拉克询问身体情况。在那次咨询之后，詹姆斯也开始散布谣言。由于这些原因，丑闻遍布天下。每个人都在谈论此事，莱纯爵士一点也不吃惊。公爵夫人要支持自己的女儿，就连女王也得知了这个消息。结果，又进行了一番医疗检查。据菲欧杜拉说，詹姆斯先生极其粗暴，而第二个医生却很有礼貌。最后，两个医生都开具了证明为她开脱。但是，这并不意味着事情的结束。黑斯廷家族在社会上地位显赫，这件事却使他们陷入一场争论。他们为这样无缘无故受到伤害而震怒，黑斯廷爵爷坚持要会见女王，把事件的始末告诉了媒体，要求女王严肃处理詹姆斯·克拉克。女王对菲欧杜拉表达了歉意，但是詹姆斯·克拉克并没有被解雇。针对女王和她的谋士，怨声四起，上层社会对于白金汉宫的丑闻感到厌恶，底层大众对于菲欧杜拉的遭遇愤愤不平。直到三月底，这位年轻的女王登基，她的魅力盛极一时，这些怨言才完全消失。

毫无疑问，内廷的生活必要的检点。闲言碎语原本早该被禁止，如今却被人用来恶意臆测宫廷中的生活，连女王也被卷入到了宫廷丑闻当中。詹姆斯·克拉克引发了棘手的问题。往常，一旦王宫中发生重大的困难，就要去请教惠灵顿公爵。这次也不例外。他给出了意见，他既不认为有公开审讯詹姆斯的必要，也不认为要罢免詹姆斯的爵位，他觉得詹姆斯理应待在他原来的位置上。也许公爵的话是正确的，但事实是这位负罪并继续留在女王身边服务的医生引起了黑斯廷家族的气愤，使公众对当权者产生了不知悔改的坏印象。至于维多利亚，由于她非常年轻，极度缺乏经验，她没有因为疏忽而受到众人责备。众所周知，这是梅尔本爵爷的职责。他是个处世经验丰富的人，他警觉并且稳重，他本来能在这些问题还处在萌芽状态时将它们扑灭。但他没有这么做，他懒惰并且随性，莱纯曾就此事提醒他，然而他却将事情撂在一边。可是话说回来，他的地位也相当不易。维多利亚不仅年轻，又非常固执。他能否找到控制住这暴躁骏马的神奇缰绳？他自己也不确定。然而，突然之间，另一个更加急迫的危机降临了，他必须靠着自己的才智来应付了。

第七节

　　女王早有预感，她终将和首相分道扬镳。自从《改革法案》通过之后，辉格党政府的力量已经在逐渐削弱。1837年的大选过后，他们仅仅在议会中保持了微弱的优势。从那以后，他们的麻烦接踵而至：国外的，国内的，还有些发生在爱尔兰；激进派团体逐渐对他们充满敌意，他们还能执政多久，实际谁也估摸不透。女王慎重地观察着事态发展。她在辉格党当中出生、成长，于公于私都与辉格党之间有密切关系。然而，即便没有这层私人关系，作为辉格党党首的梅爵爷足也以影响她的政策。辉格党的衰败会引起梅爵爷的倒台。继而，梅爵爷不得不离开她。每日每夜、每时每刻守在她身边的梅爵爷已经成了她生命中不可分割的一部分。在继承皇位六个月之后，她在日记中写下："即便只分别一晚上，我也会感到难过。"她对梅爵爷的依赖感正有增无减。在这种情况之下，自然而然，她成了辉格党的一分子。至于政治问题上更为重大的意义，她一无所知。她只知道她的朋友都在朝廷之中，环绕在她的左右。如果这一情形发生转变，那将变得十分可怕。当分别的时刻将要来临的时候，她写道："当我想到优秀的梅爵爷不再是我的首相的时候，我无法描述我内心的悲伤！我坚信，这个曾经帮助我战胜了各种艰难困苦的人，同样不会将我抛弃！我本应该向梅爵爷表达我的焦虑，但是当我见到他的时候，我的眼泪比我的话来得更快。我觉得当我想要说些什么的时候，我快要窒息了。"梅尔本爵爷清楚地意识到，这样的想法对于一个立宪君主来说是错误的，因为立宪君主应该随时接受一个反对党的领袖就任内阁首相。他竭尽全力去平息她的愤怒，但这一切都是徒劳的。

由于缺乏远见，梅爵爷给未来埋下了隐患。自从她就任女王的那一刻起，他安排了许多辉格党的女性陪伴女王左右。这意味着，女王平时绝对不会见到任何保守党人士，以至于后来她有意无意地对保守党人士避而不见。她丝毫不掩盖自己疏远保守党的事实。她尤其不喜欢罗伯特·皮尔先生，不幸的是，他十有八九会成为下一任首相。所以，在女王看来，他想要把梅爵爷挤兑走的行为令人憎恶。他的支持者们无一例外都是坏人。至于詹姆斯·格雷哈姆先生，她一眼都不想看到他，他与约翰·康罗伊是一路货色。

菲欧杜拉事件加剧了流言的进一步传播。黑斯廷家族信奉保守党，因而梅尔本爵爷和内廷都遭到了保守党媒体的攻击。女王的党派情绪也随之而起。但是，令人担心的时刻还是如期而至。5月初，内阁的地位明显开始动摇。在一项重要的政策表决上，他们只取得了超过半数（五票）的成绩，他们决议辞职。当维多利亚听到这个消息的时候，她失声痛哭。这怎么可能，难道一切都要结束？她当真是最后一次见到梅爵爷了么？梅爵爷像往常那样来了，他们的对话令人动容。但无论怎样，只能以这样的方式结束，女王必须要召见惠灵顿公爵。第二天早上，公爵来了，他建议女王陛下与罗伯特·皮尔公爵会面。她陷入了"一种充满恐惧与哀伤"的状态中，但是她咽下了自己的眼泪，以一国之君的身份支撑着自己，去完成那场可憎的会面。

皮尔公爵生性拘束并且傲慢。他自己清楚，他的举止并不完美。在这样的时刻，他很容易感到尴尬，他会比以往更加拘束。与此同时，他的脚会机械地在地毯上打着拍子。虽然他渴望得到女王的喜欢，但是他的紧张不安使得他的目标难以达成。站在这个桀骜的、怀有敌意的女孩儿面前，他几乎寸步难行。她冷酷地在日记中写下，他看上去一点也不开心，似乎还有点生气，死板地站在那里，低头盯着自己的脚，她的心情因此变得糟糕："噢！老实说，他和开朗、自如并且拥有行为得当的梅尔本爵爷比起来简直判若云泥。"好在两人只是在某些观念上稍有不同意见。皮尔坚持认为，对于内廷成员的构成来说，变革是必要的。女王不能完全采用与保守党敌对的夫人和姐妹。在某程度上，内廷侍臣也应该对新政府表现出友善的态度。听到这些，女王马上暗示她希望内廷能够维持原状。为了避免冲突，罗伯特爵爷说这个问题可以稍后再谈。之后，又说起了他安排新一届内阁的计划。当在他面前时，维多利亚不断提醒自己："保持镇定和理智，同时不要显露出内心的不满。"但是当她一个人的时候，她便近乎崩溃了。她振作起来给梅尔本爵爷写信，告诉他发生的一切，倾诉了自己的痛苦。她说，这些敌人虽然表面对她十分尊敬，但却无情地被剥夺了她和梅尔本爵爷见面的机会。

梅尔本爵爷迅速地回复了一封体现其智慧的信件。他试图平复女王的情绪，并引导她开心地接受新的形势。除了对保守党祝福之外，他实际上什么也不能做。至于内廷中那些女嫔的问题，他建议说，只要这件事情是个人性的，女王无妨坚定地争取她所想要的。他强调说："但是，如果罗伯特爵爷不愿意让步，也不应该拒绝，更不要因此与他僵持。"就这点来看，梅尔本爵爷毫无疑问是正确的。这个问题看似微小，实际上极为复杂，这样的问题之前从来没有出现过。因为，一系列立宪法律决定了女王必须要接纳首相对于内阁女性成员的提议。然而，梅尔本爵爷的智慧被辜负了。女王的心情无法平复，她听不进去任何建议。保守党试图夺走她身边女性的行为使她怒不可遏，当天晚上她坚定了自己的想法，无论罗伯特公爵说什么，她都拒绝将内廷中的任何一个人调离。于是，第二天一早，当皮尔再出现在她面前时，她便准备反击了。他首先详细陈述了内阁成员的任命，接着他补充说："现在，陛下，轮到那些女嫔了。"话刚说出口，女王便立即打断了他。"我不可能调换任何一个侍嫔。"她说。罗伯特公爵说："什么，陛下！陛下的意思是要保留原班人马？""所有人。"女王回答说。罗伯特脸上的表情很奇怪，他无法掩盖自己的愤怒，继续问："您是说从御前侍嫔到普通的内廷侍嫔？""所有人。"女王陛下又一次给出了相同的答案。所有的辩解和争论都是无用的，但他依然徒劳地解释着，自大和拘束的矛盾性格逐渐在他身上显现，他讲到宪法、讲到立宪君主、讲到大众利益，他甚至徒劳地跺脚，像是在跳舞。他十分固执，但同样很坚持，尽管难免尴尬，但他看上去绝不会让步。最终，当他离开的时候，任何事情都悬而未决，组阁的事情也被迫搁浅。现在维多利亚的心灵被兴奋占据了。她在怒火中坚信罗伯特公爵有意要跟她斗智斗勇，并要将她的朋友从她身边赶走，并将他的意志强加于她。同时，她突然之间意识到，当这个可怜的男人在她面前表现出局促不安时，她随手抓了张纸，草草地给梅尔本爵爷写了封信。

她写下："罗伯特极其失态，他坚持要我放弃我的女嫔，我告诉他我永远也不会同意这种提议，而且我从来没有看到过像他一样紧张的男人。我心意已决，我想你一定会因为见到我的沉着和坚持而开心。英国女王绝对不会受这种计谋的欺骗。请你做好准备，我随时需要你的帮助。"几乎她刚刚写完，惠灵顿公爵就赶到了。他边走边说："陛下，对于这里发生的问题，我感到非常抱歉。"她立即回复说："噢！是他引起的，而不是我。"她觉得目前她必须态度坚定，她确实这么做了。这位受人尊敬的、拿破仑的征服者竟然受到一个十几岁年轻女孩儿的嘲讽。他也丝毫不能说服女王。最后，她甚至敢讥笑他了。她问道："难道公爵力量这么弱小，连女嫔都要听他的意见？"听到这些，惠灵顿公爵深深地鞠了一躬，然后离开了。

她能够最终得胜么？时间会昭示一切。与此同时，她匆忙写下了另外一封信。"梅尔本爵爷千万不要以为我在草率行事，我觉得这正好可以测试我是否会被人当成小孩子来摆布。"[1] 保守党不仅奇怪而且荒谬。就她的理解，皮尔不仅希望撤换内阁官员，如今还拒绝她的女嫔。

这个危机现在快要结束了。罗伯特爵爷回来了，告诉她，如果她坚持要留用内廷中的那些侍女，他将无法组成新政府。她回复说，她会以书信的形式告诉他她的最终决定。第二天早晨，上一届的辉格党内阁召开了一次会议。梅尔本爵爷向他们宣读了女王的信件，那群年迈的政治家完全被女王非同寻常的热情感染了。他们非常清楚地知道，或者说他们至少应该明白，女王的行为已经违背了宪法，她显然对梅尔本爵爷的建议置之不理。实际上，他们试图取消辞职决定的行为

---

[1] "他们想要把我当成小女孩儿看待，但是我偏偏要让他们看到我才是英国女王！"这常常被人当作女王的话加以引用，实际上是无稽之谈。这只是格雷维尔将女王写给梅尔本的两封信的内容加以总结概括之后的部分内容。有一点应该注意，"英国女王绝对不会受这种计谋的欺骗"这句话在《少女时代》这本书中是被删去的，总体上来说，在这两本书中有关日记和信札的部分存在大量用词上的区别。

与民众的利益毫不相干。可是这些想法在维多利亚热烈的催促面前，消失得无影无踪。她的坚定信念将他们推倒了欲望的潮头浪尖。他们一致认为："他们不能抛弃这样一个女王，抛弃这样一个女人。"忘掉他们已经不再是女王的内阁大臣吧！他们采取了史无前例的方式，通过写信建议女王结束和罗伯特·皮尔的交涉。她照做了，矛盾也随之解除，她胜利了。在那晚，舞会在宫殿中举行。每个人都十分开心。"只有皮尔和惠灵顿公爵来的时候看上去很生气。"她开心极了，梅爵爷又成为了她的首相，他就坐在她的旁边。

第八节

梅爵爷的回归带来了快乐，还有忧愁。直到原先拒绝当大臣的惠灵顿公爵再次凭借自己年迈的资质成了皇家的道德医生，白金汉宫内部的纷争才稍稍减弱。他成功引导了约翰·康罗伊爵爷辞去他在肯特公爵夫人家的职位，并永远离开白金汉宫。更重要的是，他劝说女王给她的母亲写了封饱含深情的信。似乎这是一条通向和解的路，但是公爵夫人仍然脾气暴躁。她认为这不是她的字迹，不相信这封信是维多利亚写给她的。她把这件事告诉公爵，公爵向她确保这封信的真实性，劝慰她不计前嫌。但是事情不会如此简单。"如果梅尔本爵爷来，我该如何做？""怎么办么，夫人？那还用说，当然是以礼相待。""但是，如果维多利亚要求我跟莱纯握手，我该怎么做？""怎么做，夫人？这还要问，当然是拥抱、亲吻她啊。""什么！"公爵夫人的每一根汗毛都竖了起来，然后她哈哈大笑。公爵一边说，也大笑起来："不，夫人，不，我不是说要你拥抱和亲吻莱纯，我说的是女王。"如果不是发生了一桩悲惨的事情，公爵的这番努力兴许能够成功。菲欧杜拉小姐被查出患上了可怕的病症，目前病情正在迅速恶化。毫无疑问，她就快要死了。国民对女王的怨言再次沸腾了。她不止一次被当众羞辱过。当她出现在阳台上时，有人喊她"梅尔本夫人"。在阿斯科特的时候，当她走在路上的时候，蒙特罗斯公爵夫人和莎拉·英吉斯特向她发出耻笑的嘘声。菲欧杜拉小姐死了，丑闻以数倍于以往的激情再次爆发。朝廷一分为二，两者之间隔着一条难以逾越的鸿沟。

梅爵爷最终回来了，任何烦恼都因为他的存在和魅力而消失不见。梅尔本爵爷近来承受了很多压力，他对自己的缺点感到十分痛苦。他十分清楚地意识到，如果在恰当的时刻，他能够进行积极干预，那么黑斯廷家族的丑闻就有可能发生转机。对于侍女危机，他知道因为纵容了私人情感和维多利亚的急躁，因而让它们左右了自己的判断和行动。但是他不是那种会受到良心责备的人。不管内廷的生活是多么死板和拘束，他和女王的关系毕竟成了他生活的乐趣。改变了这一点，他的生活就会变得悲惨而无聊。但这样的结局实际早晚会到来，他又一次被委以重任，这是一种胜利，让他充分享受这稍纵即逝的快乐吧！因此，由于受到女王的宠爱，这朵晚秋玫瑰，在1839年的秋季怒放着自己的生命。花瓣肥硕美丽，开放了最后一次。最后一次在这种意想不到的、不相对称的、令人不敢相信的关系中，这个年迈的享乐家尝到了浪漫的滋味。他照看、教导、约束，同时也鼓励身边这位年轻的君主，能这样就很好了。同时，能够感受她敏锐的情感，以及她光芒四射的活力，这就更难得。他的情感如春泉涌动，潜伏在他的心底，呈现出将要喷发的状态。甚至，当他低头去亲吻她的手时，他发现自己已经热泪盈眶。

至于维多利亚，尽管她依然很顽固，但梅爵爷的陪伴最终还是产生了影响。她不再是两年前那个学龄女童了。这一变化可以通过她在公众场合中的表现被清楚地看到。她的表情，曾经"天真而宁静"，现在看起来却像是一个精明的观察者，变得"锐利并且不满足"。她逐渐认识到了权力带来的痛苦和快乐。梅尔本爵爷依靠他聪明的教诲，找到了把她引上智慧与中庸之路的途径，但是他有时也会使她朝相反的方向发展。这块坚硬而清澈的卵石，长久以来遭受着周围环境以及水流的影响，正经历着一种奇特的腐蚀，它看上去变得更加柔软而阴郁。人类的情感是具有传染性的东西。某一个时刻，这个新时代的宠儿仿佛向过去张望，并朝着 18 世纪驱动了历史的车轮。那是她执政生涯中最危险的时刻。如果这种影响持续下去，她的角色、她生命的历史，将会发生翻天覆地的改变。

可是，为什么不让她的权力持续下去？她唯恐王位不能继续下去。她要永远像现在这样！她被辉格党环绕着，她可以随心所欲地做她想做的一切事情，她深信这就是最幸福的状态。任何的变化都会让现状急转直下，所有变化当中最坏的变化是结婚。不，她不想听，这件事令人无法忍受，它会使一切变得沮丧。但是，似乎所有人都期待她能结婚，无论是人民大众，还是大臣们，或是她的萨克斯·科堡的亲戚，都是如此。当然，她清楚地知道，对于这件事有非常充足的理由。首先，如果她没有子嗣，在她去世之后，她的叔父坎伯兰爵爷，就会从目前的汉诺威国王顺利继承英国王位。那样的话，毫无疑问，是最令人不快的事情。她和那些希望竭力避免这种状况的人深有同感。但是，用不着着急。她最终总会结婚，但是不是现在，也许还要等三年或者四年的时间。最让人厌烦的是，她的舅父利欧波德显然认为她不仅应该结婚，而且应该嫁给她的表弟阿尔伯特。看上去，她的舅父利欧波德企图干涉维多利亚的每一桩私事。在数年之前，当她还没有继承王位的时候，她与他的通信就让人产生这种误会。那时候她曾告诉他，阿尔伯特身上具备了"所有使她产生快乐的素质"，她还祈求说："最亲爱的舅父照顾每一个人的健康，并且对我如此亲近，希望你也给阿尔伯特特殊的保护。我希望并相信所有的事情都会顺利，而他对我是多么重要。"但是，那是很多年以前的事情了，那时候他还只是个小孩子。也许，从信件的语言上判断，信实际上是由莱纯一手策划的。但是无论如何，她的情感已经产生变化，她很难再对阿尔伯特产生兴趣。

女王后来曾说，除了她的表弟，她从没有想过和任何人结婚。然而，她的信札和日记中呈现的，却是完全不同的版本。在 1837 年 8 月 26 日，她在日记中写下："今天是我最亲爱的表弟阿尔伯特十八岁的生日，我希望上帝将最好的祝福降临在他身上！"在接下来的几年中，这个日子却被遗忘了。本来安排了史多克玛陪伴王子到意大利去，忠诚的男爵由于这个原因暂时离开了她。他给她的信中，数次以充满感情的话描述了这位年轻的同行者。然而，这个时候她已经拿定了主意。她十分喜欢也很钦佩阿尔伯特，但她并不想要嫁给他。她在 1839 年 4 月的一天告诉梅尔本爵爷："我十分反对结婚。"当她表弟的意大利旅行接近尾声时，她越发紧张。她知道，根据很久以前的那个约定，他的下一个目的地将是英国。他或许会在秋天抵达，而她紧张不安的情绪在 6 月的时候便加剧了。她决定写信给她的舅父，目的是清楚地表达自己的立场。她认为自己的想法一定可以被接受，她说："我们之间没有婚约。"即便她喜欢的人是阿尔伯特，她也不能"在今年结婚，至少要两到三年之后"。她说她"非常不乐意"改变她目前的地位。并且，假如她不喜欢他，她"更不会由于违背婚约而负罪，因为她从没有给过别人任何许诺。"对梅尔本爵爷，她则说得更加详细。她告诉他，她"对于见阿尔伯特的兴趣不大，这件事本身十分可憎"。她十分讨厌这件事，她反复强调，见到阿尔伯特是件"让人觉得不愉快的事情"。但是她没有法子逃脱这件可怕的事，与阿尔伯特的会面在所难免。夏天迅速地溜过去了，秋天到了。在 10 月 10 日那天晚上，阿尔伯特由他的哥哥额涅斯特陪同着，抵达了温莎花园。

阿尔伯特到了，她整个人像间纸牌屋那样坍塌了下去。女王满眼看到的，都是阿尔伯特的英俊。一瞬间，成千上万种奇怪的想法涌入她的思绪，一种不同寻常的且难以抵抗的魅力在那双蓝色眼睛的光芒里、在那微笑的嘴唇中得到了体现。以后的日子就在这种兴高采烈的氛围中度过。此外，她还看到了阿尔伯特那"精致的鼻子"，那"纤细的胡须和稀疏的髯发"，那"美丽的身体，宽阔的肩膀和恰到好处的腰"。她和他骑马，陪他跳舞，同他聊天，这一切都美好极了。她不再被忧郁与怀疑困扰。他是周四的晚上抵达的，在接下来那个周日的早晨，她就告诉梅尔本爵爷说，她"完全改变了自己关于婚姻的观点"。下一个早晨，她告诉梅尔本爵爷，她打定主意要嫁给阿尔伯特。再往后的那个早上，她召见了她的表弟。她单独接见了他："在接下来的几分钟里，我告诉他，我觉得他有必要知道我为什么会期待他到温莎来。如果他能够满足我的心愿，娶我的话，我将会十分开心。""我们拥抱了彼此，他是那么真诚，那么感情充沛。"她说她实在配不上他，他低声说"能与你执手此生"，令他感到非常开心。当梅爵爷进来的时候，他们撒开了手，她感到"她是世界上最快乐的人"。一开始，她讲起话来还有些兜圈子，谈论天气或者无关紧要的话题。无论如何，有她的老朋友在身边，她总有些紧张。最终，她鼓起勇气，对梅爵爷说："我已经和阿尔伯特说好了。"

Charpter IV

第四章　婚姻

第一节

　　显然，这门婚事属于亲上加亲。萨克斯·科堡·哥达的弗朗西斯·查尔斯·奥古斯丁·阿尔伯特·伊曼纽尔是他的全称，他只比他的表姐晚出生三个月，并且他们是由同一个产婆接生的。这两个孩子的祖母，科堡公爵的遗孀，从一开始就期待他们结合，随着他们逐渐长大，肯特公爵夫人及利欧波德国王对此也变得十分期待。在王子只有三岁的时候，他的保姆就告诉他说，将来有一天"那朵幼小的英国五月之花"将会成为他的妻子。因此，他也从没有想过要娶别的女人。最终，当史多克玛男爵最终也表示赞同时，事情仿佛最终被确定了下来。

　　公爵还有另外一个孩子，他叫额涅斯特王子，比阿尔伯特年长一岁，是他们公国的继承人。公爵夫人是个聪慧而美丽的女人，长着短头发和蓝眼睛。由于阿尔伯特长得很像她，而得到了她肆无忌惮的宠爱。但是在他五岁那年，他却永远离开了她。公爵的家庭并不因为严格信守道德节律而出名，公爵本人就是个风流成性的人，公爵夫人也步其后尘。这个家庭产生了许多丑闻，其中一件与内阁大臣有关，据说此人是一个颇有魅力并且有良好教养的犹太人。接着公爵夫妇分居了，再然后就是离婚。公爵夫人回到了巴黎，在1831年郁郁而终。阿尔伯特总是对她念念不忘。

　　他逐渐长成了一个英俊、聪明而且总是情绪高昂的少年。虽然偶尔出错，但是他的行为总体上看很得体；他有自己的想法，并且很执着；与他相比，他的哥哥则缺少激情。如果两人有争吵，总是阿尔伯特占据上风。两个男孩儿的大部分时间都在公爵的别墅中度过，或者在山间别墅，或是在丛林别墅，也可能在溪边的那间别墅。阿尔伯特在未满四岁的时候，就离开了保姆，由一个家庭教师照顾长大。他们直到读了大学，一直生活在他的管束之下。因为，公国狭小贫穷，他们只能在朴素的环境下长大。不久之后，阿尔伯特显然成了一个模范式的孩子。聪明、吃苦耐劳，他受到了他们那代人道德观的影响。在他十一岁的时候，他的话使他的父亲吃惊，他对他父亲说他希望成为"优秀并且有用的人"。然而，他并不过分严肃。他为人幽默，爱与人开玩笑，或者模仿别人。他并不是一个懦弱的男人，对于骑马、射击、舞剑他样样在行。他对户外生活最感兴趣，他觉得和哥哥罗西瑙的野外玩耍是最快乐的事。因为在那里可以猎捕驯鹿、欣赏风景、采集像蜘蛛之类的动植物标。此外，他还醉心于音乐。然而，也许是由于他所受的教育，也许由于自身的怪癖，他对于异性没有好感。在他五岁那年的一次儿童舞会上，他对一个邀请他做舞伴儿的女孩儿大吼大叫；尽管在这之后，他学会了掩饰这种情感，但这种情感并没有消失。

这两兄弟在科堡十分受人待见，在他们将要接受"坚信礼"的时候，按照传统，礼前测试在"巨人堂"公开举办，参加这次典礼的有一大批热心的官吏、教士、公国各地的代表以及形形色色的观礼人。除了公爵和公爵夫人以外，符腾堡的亚历山大王子和额涅斯特王子也来了，还有莱宁根公爵、霍亨洛伊·郎根堡公爵以及霍亨洛伊·什陵斯福斯特公爵夫人。内廷牧师雅各彼主持了仪式，他站在一个被装置在大厅底部、装饰简单而得体的圣坛上。仪式伴随着唱诗班歌唱《圣灵降临》的第一节而开始。在一些简单的介绍之后，雅各彼博士开始了测试。根据当时的记录所示，两位公子的行为庄严而得体，他们对问题十分注意，他们的答案诚恳、果断并且正确，给当时的观礼者留下了极为深刻的影响。在他们给出的答案当中，没有比他们自身呈现出来的内在信仰更能够说明问题。测试者所提的问题不是简单的是非题。他们都经过了深思熟虑，希望借此向观众呈现王子的洞见以及情感。最让人感动的一刻是，当考试官问世袭王子他是否打算坚信"福音教派"时，他并非仅仅简单的回答"是的！"而是以清晰而肯定的口吻说：我，以及我的兄弟会坚定而保持这种信仰。测试持续了一个小时，雅各彼博士做了总结和祷告。

紧接着，随着圣歌的第二节和第三节被吟唱起来，测试结束了。两位王子从圣坛走了下来，与公爵和公爵夫人一一拥抱，那些来自科堡的忠心的人群心满意足地散去了。

阿尔伯特的心智快速发展。在他十七岁那年，他开始认真学习德意志文学以及德意志哲学。他告诉他的家庭教师，他着手"追随克洛普·史托克的伟大思想"。他以"德意志人的思维模式，以及德意志文明发展史"为题作文，他说，"在这个概论当中，应用解决这一问题所必须的研究方法，"以"回顾当下的弊端，呼吁人们矫正自身，并作他人榜样"为总结。在利欧波德国王的照顾之下，他在布鲁塞尔度过了几个月的时间，他逐渐受到了阿道夫·凯特勒的影响，他是一个数学系教授，他喜欢用可然律来解释政治和道德现象。这种研究方式吸引了公子，因而他们的友情因此延续到他生命的尾声。他从布鲁塞尔到波恩大学，在那里他因为自己的在智力和社交能力方面的突出表现，而引起关注。他的精力被吸引到了形而上学、法律、经济、音乐、击剑以及业余演剧等众多领域。三十年以后，他的朋友想起当初阿尔伯特模仿别人而引得哄堂大笑的场景，仍然很开心。王子的热忱和活力令人赏识。

在波恩居住了一年之后，到国外旅行的时间到了，史多克玛男爵从英国赶来，陪伴王子到意大利去。在两年之前，男爵就来过一次，向利欧波德国王请教关于阿尔伯特和维多利亚婚约的事。他的回答让人记忆犹新。由于具备高瞻远瞩的能力，由于没有盲目的乐观，由于强烈的道德意识，史多克玛指出了促成这桩婚事的必要条件。他写道："阿尔伯特是个优秀的年轻人，按照他的年龄来看，已经表现得相当出众了，而且有令人满意的可贵品质。不出所料的话，几年之后，他将会成为一个英俊潇洒的人，会有更完美的行为举止。因此，单从外表上看，他具备了一切使异性开心的特征，这一特征无论在哪个国家都会奏效。"因此，如果维多利亚对这桩婚事很满意的话，接下来的问题就转化到了阿尔伯特的心智是否能够适应英国女王丈夫这一角色上来。就这点，男爵继续说，据说王子本人十分聪颖并且严谨，但是，这还不足以判断王子的内在特质。男爵倾向于保留他个人的意见，并最终根据他个人的观察给出可靠的结论。继而他补充说："然而，这仍然是不充分的，这个年轻人不仅要有能力，还要有正当的进取心，以及强大的意志力。伴随他一生的政治生涯是十分曲折的，需要的不仅仅是精力和意愿。同时，还需要热情，还需要时刻准备好放弃享乐。倘若他不能适应将要占据的位置，那么他将会对自己的选择后悔不已。但是如果他没有接受这是一个富有重要责任的职位，他的所有荣耀和幸福，甚至他成功的可能性将变得微乎其微。"

以上这些，便是史多克玛认为阿尔伯特必须具备的品质。他还希望，通过意大利的这趟旅行，判断这位王子已经在哪种程度上具备了这些品质。阿尔伯特对男爵有很深的印象，他以前见到过史多克玛。在这次旅行中，他生平第一次认识了一个年轻的英国人，弗朗斯西·西摩中尉，他觉得他非常和蔼，二人之间产生了深厚的友谊。他喜欢待在画廊里，并且喜欢弗洛伦斯的风景，尽管罗马没有给他留下深刻的影响。他说："如果不是因为一些美丽的宫殿，罗马跟德意志的任何一座城市没有区别。"在拜谒教皇格雷戈里十六世的时候，他找到了表现自己才智的机会。当教皇说，是希腊人把艺术带到了伊特拉斯坎时。阿尔伯特却说，艺术是从埃及人那里借鉴而米，教皇礼貌地服输了。无论到哪里，他都试图扩充自己的知识，在弗洛伦斯的舞会上，人们发现他对于女士们一点都不在意，而是同知识渊博的卡波尼先生聊得热火朝天。托斯卡纳公爵在一旁说道："这是一位值得我们夸耀的王子，如云的美女苦苦等待他，而饱学之士却轻易占据他。"

当他返回德意志之后，史多克玛将自己的观察报告交给了利欧波德国王。他说，阿尔伯特确实聪明、善良而和蔼，他心中充满了最好的目标以及最虔诚的决心，他对于很多事物的判断显示的成熟程度都超出了他的同龄人。但是，他并不发奋。看起来，他十分享受清闲，他的好主意全无用武之地。最不幸的是，他对于政治似乎没有一丁点儿乐趣，他从不读报纸。他的行为举止，同样有可以提升的空间。男爵说："他跟男人比跟女人更加合得来，在他和女人相处时总是表现得漫不经心，太无所谓、太矜持了。"另外一个被提及的特点是由老医生观察到的：王子的体质不好。然而，从总体上说，他还是很适合这种命定的婚姻。但是，目前的障碍显然在别处：维多利亚很明显不想承认这桩婚约。因此，当阿尔伯特到英国以后，他应该下定决心扭转自己的处境。然而，他在温莎受到的接见后，幸运的齿轮迅速转动。在维多利亚的拥抱中，他意识到了自己不可挽回的沉重命运。

第二节

　　他没有爱上她，因而感觉不到两情相悦的爱。占据他内心的是对女王的尊重和感恩。尽管他知道自己十分喜欢维多利亚，但是让他兴趣盎然的却是自己地位的变化。眼前的一切令他炫目，他在豪华的温莎骑马、跳舞、唱歌、欢笑，他的野心也随之蠢蠢欲动。然而，他又产生了另外一种思绪。宗教的教诲、史多克玛的提醒以及他个人的内心约束似乎异口同声地说着类似的话。他必须保持谦逊、和蔼，并且对任何事情虚怀若谷；他必须为了英国的利益而生活，甚至牺牲自我；他必须为了一个更伟大的目标即改善国民生活条件而不遗余力。然而，故乡科堡却未从他心头消失。他写信给自己的祖母说："虽然，我会为了英国拼尽全力，并因此走上人生的高峰。但是，我永远不能抹去自己是一个日耳曼人、科堡人和哥达人的事实。"但现如今，他必须暂时离开科堡了！他哥哥额涅斯特陪伴着他，给他慰藉，抚平他心中的哀伤。

这两个年轻的男人缄口不言，坐在钢琴前，合奏海顿的一曲二重奏，以此逃离现实和未来的困扰。

阿尔伯特在离开故土的几个月中，最后一次享受了来自家庭的快乐。而维多利亚，同样最后经历了她在伦敦和温莎的旧式生活。她用混杂着英国和德意志语言的文字和她未来的丈夫通信。可是习惯的常规又恢复了往常，梅爵爷依然陪伴在她左右，保守党变得更加让人难以忍受。矛盾随着时间推移与日俱增。暴躁的君主发现，公然与一个如此庞大的政党树敌在国会中会导致很多的麻烦。有两次，保守党直接阻碍她去做她所热衷的事情，这令她感到气愤。她希望法律能够削弱她丈夫的头衔，但是保守党阻止了这一想法；她希望她的丈夫能够从国库拿到每年五万英镑的年金，但是保守党执意将他的年金降到了三万。保守党声称大量国民正在承受着贫穷的生活，三万英镑已经相当于整个科堡的税收。然而，利欧波德却被授予了五万英镑，如果给阿尔伯特少于五万英镑的年金，那就不像话了。不出所料，罗伯特·比尔也支持三万年金的削减方案。她非常气愤，决心以不请任何一个保守党成员参加自己的婚礼的方式进行报复。她只愿意给利物浦老爵爷格外开恩，但是拒绝邀请惠灵顿爵爷。当她听说，拒绝邀请惠灵顿爵爷会导致举国哗然的时候，她怒不可遏地说："他算什么东西！那个老叛徒！我不会邀请他。"最终，在劝导之下，她还是给他发了邀请函。但是，她丝毫不打算隐藏她的不悦。

不仅保守党使她暴怒。当她的婚期逐渐临近，她变得锋芒毕露，更加专断。阿德莱德王后和利欧波德国王同样惹恼过她。她说，利欧波德国王的信件十分没有教养，"我亲爱的舅父自大地相信自己能够掌控一切"。至于阿尔伯特，他一心怀念科堡，没有心思搞清楚英国皇家所面临的复杂局面。他意识到，他不应该被暴力的辉格党人包围着，早晚要在保守党和辉格党之间做出选择。目前，他只想按照自己的意愿挑选私人秘书。但是，谁才是合适的人选呢？梅爵爷显然最适合他了，可是梅爵爷替他任命了乔治·安森。阿尔伯特不同意，但是他的意见没人在意。维多利亚宣布了安森被任命，并让莱纯就这件事向王子做出解释。

随后，阿尔伯特在给维多利亚的信中强调，要保持宫廷风气的纯正。维多利亚在一封混杂着英文和德文的回信中，表达了自己的看法："我很喜欢 A 女士，只不过她有点尖刻，对别人很严格，这是不对的。在我看来，一个人应该对别人多些宽容，我常常想，如果不是因为我们得到了别人的优待，我们一定会误入迷途。这就是我的感受。毋庸置疑，每个人都不喜欢看到那些明显的错误。但是，我相信变得太严格是危险的，每个人都会因为曾经没有认真做事而悔过当初。我解释得不恰当，写得也不妥帖，但希望你明白我的意思。"

对于另外一件事，她同样固执己见。自从菲欧杜拉·黑斯廷小姐的丑闻爆发之后，厄运便降临到了詹姆斯·克拉克头上。他名誉扫地，没有人会再向他寻医问诊。但是，女王对他依旧很坦诚。她向整个世界表明，她压根儿不在乎他们的反对，并且她希望阿尔伯特将"可怜的克拉克"当作他的御用医生。他照女王说的那样做了。可是事实证明，这项任命并不令人感到开心。

婚期确定了下来，是时候让阿尔伯特离开他的家庭和他的故乡了。伴随着心痛的感觉，阿尔伯特重新造访了那些令他心驰神往的地方：他曾猎杀野兔和采集植物样本的山林与河谷，他在那里度过了快乐的时光。在深深的忧伤之中，他出席了在宫殿里举行的告别晚会，听到了国家乐队演奏的《自由射手》。是时候离开了，当他的马车穿过街道时，路边站满了送别的人群，他的眼睛中闪过了友好的面孔，他的耳朵里汇聚着送别的声音。他停下身，再次向他的祖母告别。那是一个让人心痛的时刻。"阿尔伯特！阿尔伯特！"她尖叫着，当他的马车走远，她虚弱地倒在了侍从的双臂中。他乘着马车，迅速地驶向了他既定的命运。在加莱，有一艘汽船在等他，他和他的父亲与哥哥一起心怀沮丧地登上了船。在多佛，一大批人马聚集在港口送别他。阿尔伯特虽然难过，但是他的责任感最终获胜了。这是一个不同寻常的预兆：他踏上英国土地的那一刻已然预示着他将在英国度过一生。

与此同时，维多利亚变得更加激动，极其容易动怒和紧张。她变得很兴奋，最终詹姆斯·克拉克说女王也许要患上疹子。但是，詹姆斯诊断仍旧是错误的。不是疹子袭击了她，而是一种非常不同寻常的病情，她突然被恐惧和疑惑击倒。最近两年的时间，她掌握着自己的命运，这是到目前为止她所度过的生命中最快乐的两年。但是现在，这一切都要结束了！她将要被丈夫约束，她还不得不宣誓她将对婚姻忠诚……这个人也许会阻碍她、反对她，这是多糟糕的事！她为什么要自找麻烦？为什么她逐渐对梅爵爷感到不满？毋庸置疑，她爱着阿尔伯特，但是她同时热爱权力。无论从哪种角度看，有一件事是确定的：她将要成为阿尔伯特的妻子，但是她依然是英国的女王。他再次出现了，身着精致的制服，她的犹疑像是雾气遇到了阳光，很快消散不见，隐遁在他的身影当中。在1840年2月10日那天，婚礼如期举行。这对新婚夫妇在众人的陪伴下乘车到达了温莎花园，这些人当中还有史多克玛男爵以及莱纯爵士。

第三节

　　阿尔伯特预料到，他的婚姻不会一帆风顺，但是他还没意识到他将遇到的那些问题的严重和复杂程度。从政治的角度看，他无足轻重。梅尔本爵爷不仅是首相，同时还是女王的私人秘书，实际上管控着女王的政治生活。英国宪法对于女王丈夫的权力只字未提。就国家事务而言，看上去没有他什么事。当然，维多利亚本人并非不愿意如此。在他们结婚之后，当有人建议授予亲王一个爵位时，女王对亲王说："英国人极度排斥那些干预本国政局的外国人，早就有报纸媒体表示他们不希望你干预英国内政。即便我了解你永远不会这么做，但是，如果你有了爵位，他们就会说，亲王已经染指政治了。我知道你也不希望如此。"实际上，她自己也不能完全确定阿尔伯特是否理解她。她希望，他能成为一个完美的丈夫。至于统治国家，他应该明白有她和梅爵爷两个人能够搞定一切，而不需要他的帮忙。

不只是在政治方面，亲王发现他是可有可无的。即便作为一个丈夫，他也意识到他的作用是极其有限的。莱纯爵士管理着维多利亚的私人生活；她也不乐意让自己的权威受到一丁点减损。自从女王登基以来，她的权力极大地增加了。除了通过管理女王的私人通信施展她巨大的影响，她现在是王室的总管。阿尔伯特迅速地意识到，他不是这个家里的主人。他自己以及他妻子的生活的细枝末节都在莱纯的监控之中。什么事情都要事先征得莱纯的同意。而维多利亚十分崇拜莱纯，没有对此产生丝毫困惑。

阿尔伯特在社交场合中同样不愉快。一个羞涩而年轻的外国人，在一群女人的聚会中显得局促不安。无论在哪种场合，他都不可能取得社交的成功。他的外表也跟他作对。虽然，在维多利亚的眼中他是美的化身，但是她的朝臣却不同意她的想法，他们不具备欣赏日耳曼人的眼光。尤其是对于那些出身高贵并且常常见到他的女士们来说，阿尔伯特脸上最吸引人的恰恰是他那张日耳曼人的面庞。在他们看来，这个年轻人酷似外国男高音。从他到达英国以后的那一刻起，他的行为使人们坚信他是个死板的人。无论什么时候他出现在社交场合，他看上去都拘束不安。因此，他尽量避免参加普通的社交场合，避免在伦敦的街头行走。每当他骑马或者乘车的时候，无一例外地需要一位武官的陪同。他极度想要呈现出完美无瑕的一面。此外，他也不欣赏英国人的习俗。就他目前所知，他们除了猎杀狐狸以及做礼拜之外，什么也不关心。他们的性情在轻薄和阴暗之间摆动。如果你对他们说一些友好而让人开心的话，他们就瞪大了双眼听。他们不理解逻辑思维的妙处，也不懂得德意志大学的智慧。显而易见，他和这些人之间的共同点很少。因此，他没有必要为他们改变自己、降低身段。只有在私下的场合里，他才可以自由自在地呈现舒服的状态。西摩尔和安森都全身心为他奉献，他也向他们回报了自己的热情。只不过他们是下属，他们只能成为他信任的接受者与意志的代理人。

实际上，他有一个朋友。或者说，是一个老师。史多克玛男爵在王宫里住了下来，决定全身心地辅佐亲王，就像二十多年前为女王的舅父工作时那样。目前的情况和过去的那个时候有相似之处，然而又存在着各式各样的差别。无论是在哪一种情况之中，他们遇到的困难都是巨大的。过去，那个曾经不为人所知的、毫无紧要的医生，除了依靠自己的智慧以及和那位不重要的亲王的友情向其提供支持外，别无所有。而现如今，他已经成了国王们和大臣们的密友，已经相当成熟，他拥有了名誉、智慧和富足的经验。他完全可以带着父亲的威严对待阿尔伯特。但是，男爵十分清楚地知道，阿尔伯特却不同于利欧波德。他不具备他舅父那样的野心，也丝毫没有成就伟大人生的激情与冲动。他善良并且有德行，他聪明同时守规矩。但是他对政治没有兴趣，他的性格中没有显示出丝毫的领导才能。如果对他放任自由，他将会成为一个性情孤高但是无足轻重的人，成为一个毫无目标、碌碌无为的文化爱好者，成为宫廷里无权无势的附庸。可是，在史多克玛的提示下，他没有放任自流。永远在他的学生的身边、不被人注意的男爵悄悄地催促他顺着多年之前利欧波德走过的那条路永不倦怠地向前走。但这一次，这种努力的最终目标却不同于利欧波德达到的那种平庸的王权。凭着毫无私心的奉献，史多克玛打算帮阿尔伯特获得更加巨大的成就。

这一计划在执行之初是最曲折的。阿尔伯特很容易就产生了挫败感：奋力去扮演一个让他自己觉得无趣，并且除了男爵以外没有人想要他承担的角色，这有什么意义？让事情自然而然地发生，会简单很多，还能省去很多不必要的麻烦。但是史多克玛不允许这样的事情发生。他马不停蹄地召唤着阿尔伯特的责任感以及他的个人荣誉感。难道王子已经忘记了命运交付给他的高贵的目标了么？难道他打算放任自流，让他的妻子、他的家庭，导致他自己都处在莱纯爵士的掌控之下？后一种提示显然起了作用。阿尔伯特从来不习惯妥协，现在的生活未免太屈辱了，他因为爵士在王室的地位而感到恼怒。此外，还有更严重的原因，使他产生抱怨。他知道，他的智商高于他的妻子。但是他发现，他没有对她的思维产生半点影响，这让他感到愤怒。在史多克玛的催促和鼓励之下，他试图和维多利亚谈论政治。但是她避开了这个话题，把谈话转移到了日常生活上去，然后开始顾左右而言他。她以曾经对待她的舅父的方式，对待自己的丈夫。当最后他提出抗议时，她回答说，她这么做是由于她懒得谈论政治。当她和他在一起时，她不能让那些无聊的政治议题来打扰她的思绪。这个借口令人怀疑：难道他是妻子，而她是丈夫么？看上去就像是这样。史多克玛男爵说，问题的根源在于莱纯，是她鼓励女王保守秘密。更糟糕的是，她破坏了维多利亚直率的天性，还引诱她编造理由为自己的行为开脱。

细微的不和谐把事情搞得更糟糕。这对王室夫妻的嗜好有些不同。阿尔伯特在简约朴素的生活方式中成长起来，养成了早起早睡的作息习惯。他感到宫廷生活十分乏味，人们总能看到他在十点半左右的时候，便在沙发上打瞌睡。然而，女王最中意享乐式的生活模式，在夜间跳舞，然后走到宫殿的长廊上，看太阳从圣保罗大教堂和威斯敏斯特塔的背后冉冉升起。她热爱伦敦，然而他却对伦敦厌恶至极。只有在温莎花园里，他才能够稍作喘息。但是温莎也有它的可怕之处：虽然在白天，可以画画、散步或者弹钢琴，但在晚饭之后，沉闷就像棺盖一样笼罩一切。他本想要召集科学家和文学家到身边，等他们发表完对于艺术和学术的各种观点后，他再说说自己的想法。然而不幸的是，由于维多利亚知道自己不配参与他们的讨论，她坚持认为晚上的作息要维持原状。

身处这样特殊的处境，真是再奇特不过了。在这个位置上，权力、热情和骄傲被奇怪地分配着，偶尔发生的不仅仅是闹脾气。维多利亚在这方面的情感，一点也不比阿尔伯特少，她没有养成随声附和的习惯。她专断的脾气又要发作。她的强盛、她的固执、她对于自己地位的要求，可以打败他的高傲和脾气。然而，在实际的斗争中，她处于不利的地位，她本质上不再是自己的主人。一种深刻的成见主宰了她，占据了她的内心，最终只为了她那个不同寻常的目标。她陷入了疯狂的恋爱。那些斗争的具体细节我们不得而知。但是，额涅斯特王子，在英国陪伴了他弟弟数月，用他友善而吃惊的目光注意到了这对夫妻之间发生的一切。其中有一个故事，纵然不可靠，或许还有些虚构的成分，但是这类故事往往能够总结事件的本质。据额涅斯特王子说，有一天，阿尔伯特亲王十分气愤，将自己关在房间里，维多利亚的愤怒丝毫不亚于亲王，使劲地敲着门。亲王问："是谁？""英国女王。"他听到了这样的答案。他没有丝毫反应，而敲门声一阵接着一阵。同样的问题和答案重复了好几次。但是，最终停了下来，敲门声也变得缓和。"是谁在门外？"又是一次无情的发问。但是，这次的回答却不同了。"我是你的妻子，阿尔伯特。"接着，门迅速地被打开了。

亲王的态度渐渐地转变了。他逐渐发现政治并不如他之前所设想的那样无聊。他读了布莱克撰写的通史，并且参加了英国法律的学习课程。当女王会见她的大臣时，他偶尔也会出现。经由梅尔本爵爷的同意，他能够看到一些关于外交事务的文件。有时候，他将自己的观点写在上面，并且把这些内容大声读给首相听，首相的态度虽然谦恭，听得也极其专注，但是很少做出任何回答。当大公主出生的时候，重要的转折点到来了，亲王在议会中没有遭到任何反对，获得了当女王去世之后英国的摄政权。由于史多克玛和保守党的交涉，议会认为他目前可以回到科堡去和他的家人共度假期。但是，他的焦虑，在无数的信件当中倾吐了出来，仍然催促着他的学生。他在信中写下："亲爱的亲王殿下，对于你给我送来的消息，我感到很开心。错误和障碍总是让人烦恼，但是它们确实是生活中的一种自然现象，代表了生活的中阴暗的一面。为了能够不失尊严地克服它，你必须要锻炼自己的思维，以此去照亮它。你会因此获得坚韧的性格以及必要的坚强。"到目前为止，亲王做得都不错。但是，他"不能有片刻放松，要时刻去证明自己的慷慨大度，要时刻去辨别什么是伟大和重要的，什么是琐碎和短暂的，要时刻对自己高标准、严要求，尤其在信念、坚持、耐心和勇气等方面"。也许这是件难事，尤其是对一个年仅二十一的人来说。但是，这当中，有些内容触动了阿尔伯特灵魂的最深处。他叹息，但却听从了这位神圣指导者发出的声音："现在或者在不远的将来，对于你来说必要的星宿是爱、诚恳、真实，那些性格乖张，并且缺乏真情实感的人，会容易误解你，会使别人误解你……你必须眼观六路，时刻保持警惕……我希望我的亲王陛下能够有伟大、高贵、温暖而真诚的心灵，以此为人类提供最充实、最牢固的基础，使他们得到发展。"

不久之后，决定性的时刻来临了。大选将至，保守党将最终掌权。女王虽然如往常一样，不喜欢保守党。但是，由于他们取得了下议院的众数席位，他们现在能够坚持自己的想法，并使其最终实现。梅尔本爵爷意识到，在不可避免的政权交接过程中，应该尽可能减少摩擦。在他的许可下，亲王的摄政案通过之后，由安森作为中介，亲王开启了与罗伯特·皮尔的谈判。在一连串的秘密会议之后，就困难而复杂的内侍问题，最终达成了协定。协议的结果是，在保守党政府形成之时，辉格党的侍女必须离开，她们留下的空缺由罗伯特爵爷任命。因此，实质上女王放弃了她在1839年做出的声明，没有旧事重提。这一转变同时是亲王事业上的一个转折点。他依靠自己的技巧完成了一次重要的谈判，并和新的首相建立了亲密并且友好的关系。显而易见，光明的政治前途就摆在他眼前。维多利亚对丈夫十分佩服，甚至怀着感恩之情。她告诉利欧波德国王："我最亲爱的丈夫对于我来说是最大的慰藉。对目前发生的事情，他怀有极大兴趣，他设身处地地为我考虑。但同时，他坚持中正，避免了我的偏颇。虽然这样的话我们已经说过很多次了，但是正如你所说，他的判断是正确的。"她需要他能够给予她的所有慰藉和帮助。梅爵爷走了，她很难同皮尔先生交谈。她现在确实需要和阿尔伯特商量所有事情了。

史多克玛回到了英国，对梅尔本爵爷的善后工作感到十分满意。如果一切进行得顺利，亲王将对维多利亚产生最大的政治影响。但是，这一切能够如愿以偿么？一件意想不到的事情使男爵陷入了一场严肃的战斗。当政权交接之后，女王在痛苦之中与她心爱的首相分手。虽然不能够时常见面，但是他们决定经常保持通信。梅尔本爵爷性格中的矛盾特征，在最后的工作中表现得极为明显。当他还在位的时候，他对皮尔的态度是无可挑剔的，他尽其所能使政府的更迭更加顺利，他甚至于通过多种途径，向皮尔建议如何取得女王的欢心。然而，在他在野后不久，他的内心便违背了他的初衷。他不能承受这样的结局。他曾长时间地享受着向女王维多利亚提供建议的特权以及快乐，但现如今这种权力和亲密关系却被完全切断了。虽然，他声称他在信中一定会谨慎小心，但是他怎么能够拒绝利用这样的机会向女王渗透自己的想法？他和女王就众多公共事务进行了细致的讨论，并且，在任命的问题上给了女王大量建议。这些建议被采纳了。梅爵爷建议说，海特斯布瑞爵爷是个有能力的人，应该到维也纳做外交官。于是，一个星期之后，女王给外交大臣写信说，在她看来海特斯布瑞爵爷是个有能力的人，应该被任命"在某一重要的岗位上"。史多克玛对此非常警觉。他写了一个便签，指出了梅尔本爵爷的行为违反了宪法。这一行为一旦被皮尔爵爷发现，女王将被置于非常不利的处境。他让安森把这个便签带给前首相。梅尔本爵爷躺在沙发上，嘴唇干瘪着读完了它。他说"这是个苹果派式的建议"。当安森进一步建议说，作为反对党仍然和女王陛下保持如此亲密关系是不合适的，这个老男人发了脾气。他大骂一声："该死的！"从沙发上一跃而起，在屋里来回冲撞。"但凡有血有肉的人都受不了这个！"不久之后，他继续给女王写信。当男爵接连两次给了老首相更猛烈的炮轰之后，他终于醒悟了。然后，他的信越写越少，越来越不频繁，越来越无关公事。至少，完全无害。男爵开心地笑了，显然梅爵爷接受了这个不可改变的现实。

辉格党于1841年9月下野。另一件重要的事发生在一年之后，那就是莱纯的离职。最终，这个神秘的女性掌权者被战胜了。关于维多利亚经历什么样的步骤才镇定自若，或者说如释重负地接受了莱纯的离开，我们不得而知。但是，十分清楚地是，由于孩子的出生，阿尔伯特在家庭中的地位发生了剧烈的变动。大公主出生在1841年10月，在她之后是威尔士亲王。不久之后，另外一个孩子也即将诞生。爵士尽管心怀感动，但也只能星星点点地分享这个王室家庭的喜悦。她显然失势了，这一点毋庸置疑。有一两次，当王室出行的时候，把她留在了温莎花园。亲王非常谨慎，内阁更迭的时候，梅尔本爵爷曾经建议他选择合适的时机采取果断行动。但据他判断，最明智的选择是稍作等待。时间以及来自于环境的改变对他来说都很重要。他个人的优势日益显著。最终，他觉得他不再需要任何犹豫了，他的每一个愿望、每一个欲念，只要说出口，马上就左右了维多利亚本人的想法。他说了出来，莱纯从此消失不见。她再也没有机会统治王室的心脏了。她再也不能从温莎的窗口，满怀得意地望着自己的学生——她的圣上走在谄媚的人群当中。她回到了汉诺威的原乡，在彼克堡为自己建造了一所不大但是舒适的公寓，公寓的墙上挂满了女王陛下的肖像。

第四节

　　早先的矛盾因为幸福美满的婚姻生活而得到了解决。维多利亚，被一种新的、料想不到的事情征服，完全把自己的灵魂交给了她的丈夫。她现在明白了，使她当初对阿尔伯特一见钟情的只是他的外表。除此之外，阿尔伯特还有一种内在的魅力、内在的光辉，当时她虽然像是瞎了眼，只能够微微感受到几分。然而现在，她的每一根神经都清楚地意识到，他太好了！她曾经怎么能够试图用她的想法反对他的智慧，以她的傲慢对抗他的知识，以她的喜好阻挠他的兴趣？她如今对于这个国家很满意，每天清晨从床上跳起来和阿尔伯特一起在吃早饭之前散散步，只有他们两个人。和他聊天的时刻是多么美妙啊！被他告诉树木是什么品种，在他的指导下去认识蜜蜂！然后坐下来，当他给她读兰姆的《英国宪法史》时，她做起了十字绣。或者听他演奏他的新风琴，他说"风琴是乐器之王"。或者听他唱门德尔松的歌曲，留心倾听拍子和呼吸，仅有个别的错误！在晚饭之后，也是如此。他真是太好了！他放弃了他的二人象棋游戏！因此，可以在圆桌上玩圆桌游戏，这样每个人都可以在夜间玩得很开心。当孩子们加入游戏时，气氛便更加和谐。卜喜是个聪明的小公主，她诚挚地祈祷小王子威尔士能够长大成为"从身体到思维，方方面面都像他最亲爱的、天使一样的父亲似的人"。 由于阿尔伯特从中调解和莱纯的失势，女王的母亲也重新回到了这个大家庭当中。在维多利亚眼中，生活变成了一首田园诗，这首田园诗的最重要篇章是快乐和爱。女王陛下在她的日记当中写下："阿尔伯特抱了抱亲爱的小卜喜，她身穿漂亮的蓝边白绒的衣服，这是妈妈给她的，还戴着一顶漂亮的帽子。他把卜喜放在我的床上，并且坐在她的身边，她很可爱、很听话。当我珍贵的、无价的阿尔伯特坐在那里时，就能感到情意绵绵，我感到十分幸福，感谢上帝！"

到目前为止已经过去的三年时间，当她回首往事时，她觉得那一切都很遥远而陌生，甚至于除了将它们算成一种错觉之外，她无法对它们做出解释。翻阅自己的日记，她读到了这样一句话——"女王！没有朝臣，没有朋友，从没有人像梅尔本爵爷那样得到过我的信任！"她的心中一度疼痛。她拿过一支笔，在边角的空白处写下："重新读这些日记，我不能忍受过去自己那种矫揉造作的快乐，然而现在身处我丈夫给我的真实而坚固的生活中才是真实的快乐，并且没有政治与俗事能够将这种快乐改变。当时的那种快乐本来是不能够持久的，但是由于聪明和优秀的梅爵爷，以及他对我的善意，我在社交层面得到了快乐，依赖这种肤浅的情感，我错误地以为那是真正的快乐！感谢上帝！为了我，同时也为了别人，这一切都已经改变了，现在我懂得了什么才是真正的快乐。"她是如何明白这些的？如何区分什么是真正的快乐以及虚假的快乐？也许梅尔本爵爷会这么问吧。但是，梅爵爷成了历史的幽魂，而阿尔伯特陪在她身边，这就够了。

她确实十分快乐，她希望每个人都知道这一情况。她在给利欧波德国王的信中表露了她兴高采烈的情绪。"噢！我亲爱的舅父，我确信如果你知道我现在多么快乐，知道我现在感到多么满足，知道我的丈夫如此完美……"诸如此类的狂喜常常源源不断地从她的笔下流出，并且很自然。有一天，利特尔顿女士不假思索地把某人描述为"像女王一样快乐"，然后就陷入了困窘。女王陛下却说："没必要修正自己，利特尔顿，我现在是个十分幸福的女人。"

但是这种快乐不是迷迭香。相反，它令人振奋，而不是令人懒怠。在这之前，她从来没有意识到责任的必要性。她工作起来，比以前更加有规律；她照看孩子时，也一点都不懒怠。她写了大量的信件，她管理她的农场以及一大堆家庭事务，从早忙到晚。她充满生机和活力的小身板伴着匆忙的步伐，紧紧跟在迈着流行大步的阿尔伯特身后，穿过温莎大道的长廊，恰恰展现了她昂扬的精神气质。在那种放松的状态中、在那种单纯的快乐中、在那种毫不掩饰的感情的流露中，她那种天性的坚决还没有丧失。作为王室的女傅，利特尔顿对其有仔细观察，她曾说："血液中的坚强决定了她不同寻常的性格。"有时候，快乐的日常生活也不得不被打断。他们必须放弃温莎改住白金汉宫，在那里召开议会，或者接见官员，偶尔也在城堡中招待外宾。平静的宫廷变得金碧辉煌，路易斯·菲利普、普鲁士的国王，萨克逊国王等皇储从海外到来了，他们在温莎感受到了皇家气象。大家都说，在欧洲很少有地方能够和滑铁卢宴会厅相媲美，那里珠光宝气的宾客到处都是，他们身着礼服，在长长的墙壁上，挂满了英雄的肖像，桌上放着英国王室家传的金餐具。那个身材矮小的家庭主妇，那个花整天时间陪伴着孩子们在外面玩耍、那个检查着她的家畜、那个在钢琴旁边练习颤音、那个在她的日记中不断赞美她丈夫的女人，突然走到了台前，没有任何的修饰，不费任何的功夫，摇身一变，成了王室的中心。就连俄国沙皇也感触颇深。维多利亚却有些畏惧尼古拉斯。她对她的舅父说："他的出席当然是件大事，人们对这件事感到很高兴。他当然十分引人注目，他十分帅气，尤其是侧脸。此外，他的行为举止谦虚得体，非常礼貌。但是他的眼神却是令人生忧的，我从前没有见过。"友好的萨克逊国王恰好也在那里，她说："我们十分喜欢他，他没有丝毫的傲慢。"他们聚在一起，就像是温驯的飞鸟面对可怕的老鹰。当他离开，他们交换了关于他的看法，有关于他的容貌和脾气，以及在他暴君式的权力下被管控的成千上百万的人。

当时间到了需要出行的时候，这对皇家夫妇乘坐他们的游轮出发了，这很合维多利亚女王的心意。她解释说："我真的爱乘船！"她敏捷地在梯子上上下下，不停和水手们开玩笑。而亲王则相对庄重。他们拜访了路易斯·菲利普，在布鲁塞尔拜访了利欧波德国王。碰巧，有一位非常值得人们关注的英国女人在比利时的首都，但是她没有引起人们的注意。女王维多利亚在赫格尔一所寄宿学校女教师的凝视之下，走了过去，对此一无所知。夏洛蒂·勃朗特评论说："一个身材偏胖、精力充沛的小女人，穿着很朴素，并没有多少威严和矜持。"皇家的六驾马车从勃朗特身边走过，打断了她的沉思，她在人行道上驻足了片刻。维多利亚情绪高涨，甚至给她舅父沉闷的内廷注入了活力。利欧波德国王，实质上也很满意。他热切的期待已经达成了，他的野心也得到了满足，在他的余生中，他能够安心享受他的王位，受人尊敬地履行职责。不幸的是，他身边没有完整的幸福。据说，他的宫廷里氛围沉闷，就像是个教派一样，最受苦的就是他的妻子。当他续弦之后，妻子试图开一个小小的玩笑，他却对妻子说"别开玩笑，夫人"。难道她不懂立宪君主的夫人必须避免轻浮么？最后，她对此耿耿于怀。以至于，当维多利亚笑声的回响震动宫廷的墙壁时，这个可怜的女人发现她几乎忘记如何微笑了。

另外一年，他们访问了德意志，阿尔伯特展示了他家乡的魅力。当维多利亚刚刚跨过国界时，她十分激动，同时也感到震惊。她在日记中写下："听到人们讲着德语，看到那些德意志战士等情景，我觉十分奇怪。"从这种轻微的震惊中缓过神来，她发现这个国家十分魅力非凡。无论是在哪里，她都十分受欢迎，皇家的人群蜂拥而至，为的是欢迎她的到来。那些可爱的孩子们，身着他们最好的衣服，把一束束的花朵送给她。科堡公国有如画般的浪漫景色，以及善良的居民，着实使他们感到快乐。有一天早晨，她从睡梦中醒来，发觉自己在美丽的罗索——阿尔伯特的出生地时，她感叹"像是个美丽的梦一样"。当她回到家里时，在给利欧波德国王的信中，她详细地描述了这次旅程的快乐，尤其是住在阿尔伯特家乡时，她内心的激动。她说："对于可爱的德意志，我有种不能用语言描述的感觉，我在罗索时感情是那么强烈。这种情感深深地触动了我，走进了我的心田，甚至差点使我落泪。在其他地方，我从来没有感到过如此充分的快乐以及宁静。这简直太叫我喜欢了。"

第五节

　　丈夫却不像妻子那样开心。尽管他的境遇有了极大的改变，尽管有了一个人口数量不断增加的家庭，他也得到了维多利亚的钦慕，但是阿尔伯特仍旧是一个身处他乡的陌生人，精神上的宁静并不能使他得到满足。毋庸置疑，从某种程度上讲，他能够左右他当下的环境。但是，这是不足够的。更何况，他的每一次胜利都伴随着痛苦。维多利亚把他视为偶像，他渴望的却是理解，而不是被崇拜。即便维多利亚把他装在心里，并且装得满满的，但是，她又在哪种程度上了解他呢？打水的桶如何能够理解水井？他感到孤独。他奏响了他的风琴，直到音乐起起伏伏地响起来，才给他的内心带来一些安慰。然后，由于青春的活力，他匆匆地去和他的孩子做起了游戏，或者设计一个新的猪圈，或者大声把《英格兰教堂史》读给维多利亚听，或者踮着脚尖在她面前跳舞，像一个芭蕾舞演员，面带笑容，教她如何在公共场合有得体的表现。他懂得如何使自己开心。但是，有一件事他从来没有沉迷过。即便是遇到宫廷里最漂亮的女人，他也未曾与她们暧昧不清。在他们的婚姻关系中，女王曾不乏骄傲地对梅尔本爵爷说亲王对其他的女人不感兴趣，这个犬儒派却回答说："不，这种事早晚都会发生。"听到这些话，她严厉地指责了他几句，然后匆忙把梅爵爷的话告诉了史多克玛。但是，男爵的话却使她安心。他说，这样的情况在别人身上也许会发生，但是他认为阿尔伯特不会这样做。实践证明，男爵是正确的。在他们的婚姻生活中，从来没有过女性对手使维多利亚感到过任何嫉妒。

他的工作越来越吸引他，带给他意料之外的舒适感。由于皮尔的上任，他开始越发活跃地干预国家事务。通过各种方式，表现他们的聪明才智、他们的道德期待，甚至还有举止上的形式主义。这两个男人有很多相似之处，因而生出了对彼此的同情。皮尔做好了听从史多克玛意见的准备，敦促亲王加入公共生活。皇家正打算询问要不要利用重建议会的机会来奖励艺术，促进它在全国范围内发展。皮尔，依靠敏锐的洞察力，邀请亲王去主持这件事。这样的工作就像是为阿尔伯特量身定做的：他对于艺术的热爱、他对于科学方法的热爱、他对于那些杰出男性的热爱都不言而喻。这样的安排可以说一举多得，并使他全身心地投入其中。皇家议会中的部分成员听到他的开幕演讲时感到震惊，他强调了将艺术分类的必要性，当他说出"种类"这个词的时候，他们猛然对德意志的形而上学感到了危险。但是，当他们发现他们的陛下精于做壁画时，他们又重拾自信。当诸如关于新建筑的墙面装饰是否应该包含道德寓意的问题被提出时，亲王意志坚决地给出了肯定的答案。他发现，尽管许多人只是对这些装饰匆匆一瞥，但是作画者不能因此忘记仍然会有些人以一双深思的眼睛观察它们。这样的观点征服了皇家会议：决定绘画的主题应该包含着改善精神的内容。壁画根据王室会议的指导进行着。

阿尔伯特亲王遇到的第二任务更加棘手，他下定决心要改革皇家的家庭组织结构。这一改革在王室中已经被拖延了很久，王室成员向来奢侈，尤其在白金汉宫中，已经成了丑闻。在莱纯爵士的控制之下，没有任何改革起到过实际的效果。如今王室的生活方式要被亲王改变了，在 1844 年，他大胆地批评了这些问题。三年之前，史多克玛经过细心的考察，发现了这个家庭中的许多不同寻常的问题。这个家庭的实际控制权被分成了许多批次独立的部分，每个人都掌握着巨大的权限，这些人没有责任感，拒绝相互合作。在这些人当中，地位最高的是内臣和管家，他们爵位高、有政治势力。每次内阁改组，这些人就要更换一次，他们陪伴朝廷居住。在白金汉宫中，内臣被认为应该料理所有家庭内务，除去厨房、炊具碗碟存放室，以及糕点室之外，其余都归管家处理。与此同时，宫殿的外部却不在任何一方的管控之下，而隶属于森林办公室。因此，当内臣擦干净了窗户的内部，管家或者森林办公室就要清理窗子的外部。在所有仆人当中，主妇、男侍、侍女归内臣管理，厨房的职员、厨师、挑夫则属于管家的权力范围。然而，跑腿的、车夫、仆役长助理则在森林掌管的职权范围内。自然而然，在这种情况之下，王室的服务变得极度糟糕，缺少对于仆人的纪律约束，甚至已经到了有损王室名誉的地步。只要他们开心，他们就不尽忠职守，随便他们离开多久。男爵强调说："他们在宿舍里抽烟、喝酒，还做出其他不符合规矩的事来，那些跑腿的脚夫们常常每十个或者十二个待在一间屋子里，没有人能够阻止他们。"至于女王的宾客，没有人引领他们到他们的房间，他们经常被留在那里，最终迷失在道路纷繁复杂的王宫之中，绝望地漫游数个小时。这种奇怪的权力分配不仅涉及人，同时还关系到物。女王发现，在餐厅中总是没有炉火。她追问这是为什么。答案是"管家负责安置炉火，而内臣负责引燃它们"。两位尊贵的大臣的手下没有达成共识，所以这样的询问无济于事。结果，女王只能在寒冷的环境中用餐。

一件惊人的事把人们的目光吸引到了王宫混乱的秩序上来。在大公主出生后的两星期，保姆听到从女王的卧室中传来了令人心生疑虑的声音。保姆叫来了一个男侍，男侍在一张巨大的沙发下，发现了一个蜷缩着的身影，这个人长着一张最可憎的脸庞。这是"男孩琼斯"。这是个谜一样的人，他的恶作剧在接下来的数个月里占据了报纸头条，他的动机以及他的性格直到最后也让人迷惑。这个年近十七岁的少年，是裁缝的儿子。他爬过宫殿花园的院墙，穿过窗户进入了房间。两年之前，他有过类似的造访，那时候他把自己假装成为一个扫烟囱的仆人。这一回，据他说他已经在王宫里度过了三天时间，藏在不同的床下，自己找汤喝，找食物吃。他甚至说："我坐上过国王宝座，亲眼看到过女王，还听见过公主的哭闹。"这一桩怪事的每一个细节都应该被彻查。《泰晤士报》报道说，男孩琼斯"十分喜欢读书"，但是"他的面目极度忧郁"。他还补充说："发现男孩藏身的那张沙发，我们都知道，是那种最昂贵的沙发，它的材质和做工无与伦比，是为了那些到访拜见女王的王宫贵族们专门定做的。"这个犯人最后被送进了"感化院"，在那里关了三个月。但他出狱后，马上返回了白金汉宫。他再次被发现，又送回了"感化院"，又被关了三个月。在那之后，有人以每周四英镑的薪酬雇佣他在一个音乐厅里登台亮相。他拒绝了这个机会，在这次出狱不久之后，他又被警察发现在白金汉宫里闲逛。这一回，当局真怒了，没有通过任何法律途径，就将他送到了海上。一年以后，他所乘的船只刚刚驶入朴茨茅斯港，打算整修，他立即下船，步行回到了伦敦。在他走到白金汉宫之前，他就被逮捕了，送回了他所乘的那艘"厌战号"。这次，据说"他的外表改善了很多，长胖一些"。之后，有人在 1844 年还偶然瞥见他，那是突尼斯和阿尔及利亚交火的夜晚，他从船板跌落海中。虽然被救了上来，但在那之后他又一次如游鱼如海，再未被人见到。但是据"厌战号"上的一个海员说，他跌落海中不是偶然的事故，他是故意跳进了地中海，目的是去看那些燃烧的浮标。

但是，服务不周并非家政管理的唯一失责。在这个家里，浪费、奢侈、挪用公款等现象应有尽有。举个例子来说，用过一次的蜡烛不能够接着再用，这就是那些亘古不变的规矩当中的一个。那些曾经使用的蜡烛如何处理呢，没人知道。此外，在阿尔伯特查账的时候，对于每周开销中的35先令的"红酒室"一项内容感到困惑。他就此事进行了询问，大费周折之后，他才知道，原来在乔治三世时期，温莎城堡里一个挂着红帐子的房间曾经被用作警卫室，每天支出5先令为警卫们买酒。然而，警卫们早就搬到其他地方去了，但是"红酒室"的开支却照旧，这笔钱被一个拿一半俸禄的帮厨用作了添头。

经过了繁复的调查，以及与既得利益者的斗争，亲王成功进行了全面改革。那些互相矛盾的掌权人在王子的循循善诱之下将权力交到一个长官手中，家政官因而能够全权负责其王室家庭的管理。这样，开支省了下来，浪费被扫除了。那个不幸的帮厨根本没有料想到，他要面临二选一的命运：放弃他每星期的津贴走人，或者好好承担帮厨这一职务。此外，脚夫这类人的不合规矩的行为也基本消失了。仆人当中怨言四起，他们抱怨王子多管闲事，竟然爱惜没有烧尽的蜡烛屁股。但是，他仍然坚持改革。不久之后，没有人不称赞皇家管理得当，而这样的成果是亲王本人坚持和能力的证明。

与此同时，他的活动在更加重要的领域中得到呈现。他成了女王的私人秘书，她最信赖的建议者，她的第二个自我。现如今，他总是和女王一同出席、会见朝臣。像女王一样，他对于外交政策很感兴趣，每件公务都受到他的影响。一方面，维多利亚越来越受到他的才智绝对主宰。另一方面，他越来越全身心投入多种多样的国家事务。没有人再说他是一知半解的人。他是一个勤劳的工作者、一个公众人物、一个有许多事情要处理的人。史多克玛对这种变化表示了狂喜，他写下："亲王最近的变化很大。他显然已经成了政治领袖。他变得更加的独立。他的思维活动不断增加，他把自己的大部分时间用在了事业上，并对此毫无怨言"。

　　男爵又说："两人的夫妻关系是极其美满的"。

　　远在皮尔的内阁组成之前，维多利亚对他的态度就发生了转变。皮尔对亲王的尊敬使女王的内心感到慰藉。皮尔的真诚和热忱的天性起了作用，在于那些他希望取悦的人交往时，消散了他行为的刻板，弥补了他的不足。她对他表现出了尊重和热爱。她称呼他"我尊贵的皮尔"。她对他有极大的尊重："他是一个对国家有无限忠诚、勇气十足的爱国者，有侠义之气，他对我的态度可以称得上是仁义的。"她担心他会下台，就像她曾经担心梅爵爷那样。如果这样的事真的发生，她会说，那将是一场巨大的灾难。假如是在六年之前，一个先知告诉她终有一天辉格党会取得胜利，她会如此恐惧么？可是，没有任何办法，她必须面对自己的旧友再度执政。

在 1845 和 1846 年保守党内阁遭遇危机时，阿尔伯特起到了决定性作用。每个人都认同他是谈判的实际中心，也是王权的主要控制者。通往这个结果的过程是不易察觉的。但是，当接近皮尔内阁倒台的那一刻，阿尔伯特实际上已经成了英国的国王。

第六节

　　阿尔伯特最终熬出头了，同时伴随着梅尔本爵爷的灭亡。在他退位一年之后，他患了一次严重的中风。他已经明显恢复了很多，但是他身体的韧性却永久性地消失了。他忧郁、焦躁并且不快乐，他终日在镇子里游荡，在公共场合突然自言自语，突然问一些没头没脑又稀奇古怪的问题。有一次人们看到他在布鲁克斯大厅里独自站着，在一阵沉思之后，对着空气发表演讲："我如果替你这么办的话，我会被绞死。"还有一次在荷兰夫人的家里，他突然在对话的间歇，身子斜过餐桌问同桌的宾客："难道你不认为，亨利四世改变他的信仰以确保自己王位的做法是最该死的行为？"他坐在家里，沉浸在凄凉的孤独之中。他不停地翻阅经典和《圣经》。但是，它们没有给他带来丝毫的慰藉。他渴望回到过去，渴望一切不可能的事，渴望他自己也说不上来的情境，渴望嘉洛的轻狂浮躁，渴望温莎那老套的快乐。他的朋友都离开了他，他在痛苦中说，我的生命之火已经要燃尽了。他在暗地里期待能够重新掌权，每天焦急地浏览报纸，偶尔还在上议院发表演讲。他继续和女王保持着通信，时不时地出现在议会当中。但是，维多利亚在日记中写下："那个梦，已经过去了。"至于他的政治见解，再也不能被接受了。亲王是个热衷于自由贸易的人士，因而女王也是。有一次在温莎城堡吃饭，正值废除"谷物限制法"的时候，梅尔本爵爷突然说道："女王陛下，这真是个该死的不诚实的行动！"每个人都觉得很尴尬。女王陛下笑了笑，试图换一个话题，但是没有用。梅尔本爵爷又一次回到了刚才的评价："我说，女王陛下，这真是个该死的做法！"女王说："梅尔本爵爷，现在我必须要请你不要再提起这个话题。"之后，他才管住了自己的嘴巴。她对他依然很客气，给他写篇幅很长的信件，记得他的生日。但是，这是一种拒人于千里之外的善意，关于这一点他也明白。他成了可怜的梅尔本爵爷。一种深刻的不安吞噬了他。他试图把自己的注意力转移到农业生产和"牛津运动"上。他写了长篇的备忘录，但是字迹潦草。他觉得自己所有的钱都用光了，也无法得到"加特"爵位。他已经穷山尽水了，然而，如果皮尔倒台，那么也许他会被再次邀请。但是，却没有人请他出山。辉格党在他们召开议会时忽略了他，党领袖的位置转移到了约翰·拉塞尔爵爷手中。当约翰成为首相之后，对他似乎礼貌有加，但是实际上梅尔本爵爷没有被邀请加入内阁。他受到了打击，心情却十分平静。他明白，这就是他的结局了。

他的生命又延续了两年，慢慢进入了一种无意识和愚钝的状态。有时候，他从椅子中撑起自己的身体，人们听到他喁喁碎语，念叨着参孙的诗，出奇的贴切：

> 庶事不成心意冷，
> 身之力竭事业沉。
> 此生历尽荣与辱，
> 弹指长眠入天门。

在他去世前的几天，维多利亚得知他康复无望，因而短暂地回忆起了曾经的那个梅尔本爵爷。她告诉利欧波德国王："听到这些你会觉得很悲痛，我们最友好、亲密的老朋友梅尔本正面临死亡……没有人会忘记他曾经的善良和优秀带给我许多回忆。然而，我再也不想回到过去那样的日子了。"

她没有遇到丝毫困境，时代的潮流正势不可挡地涌向一个完全不同的巅峰。阿尔伯特的严肃、孩子们的诉求、自己内心的期待以及正在发生变化的周遭世界，共同构成了一股促使她走上为英国、为家庭奉献的路途。她的家庭的人口不断增加：威尔士王子出生后的第十八个月，艾莉丝公主出生了，一年之后阿尔弗雷德王子诞生，接着是海伦娜公主，两年之后是露易丝公主。到那时候为止，皇家子女的队伍看上去已经很壮观了，但是这还不是结束。父母越来越关心家庭的幸福，他们认为温莎的豪华令人感到烦恼，希望能够有个更亲切、更遥远的居所。在皮尔的建议之下，他们买下了奥斯本的一处房产，位置在怀特岛上。他们在理财方面的能力和技巧帮助他们攒下了一大笔钱。依靠这些积蓄，他们不仅能够负担起买地的钱，还可以建房。此外，他们还打算出资二十万英镑对其进行装修。就在奥斯本，濒临海岸线，身处阿尔伯特关于罗索记忆中的那些他亲自种植的树林当中，王室家庭享受着他们离开温莎和伦敦的每一个小时，每一个放松居住、静心工作的时辰。公众称赞他们的做法。当然，也有少数贵族嘲笑他们。无论怎样，女王赢得了全国大多数人民的爱戴。中产阶级尤其开心。他们喜欢通过自由恋爱而缔结婚约。他们喜欢融合了王室和美德的家庭组织方式，通过这样的方式，他们似乎从一面华丽的镜子当中看到了自己理想的生活状态。即便他们自己的生活并不那么得意。但是，他们的生活真让人心生安慰，那是一种额外的精彩，一种额外的趣味，从早到晚、井然有序，从粗茶淡饭到圆桌游戏，从烤牛排到奥斯本布丁。这是一个模范式的朝廷。这些处在中心位置的人物是礼仪的典范，这里没有谣言、没有失礼，也没有越界行为。对于维多利亚来说，她满怀改革的热情，被一种不可动摇的纯粹道德立场占据着，比阿尔伯特更加坚毅。她想起来觉得羞愧，为什么她曾经相信并告诉他，一个人或许在某些事情上过于严格了，一个人应该能够对别人的罪行给予宽恕。但是，她不再是梅爵爷的学生了，她成了阿尔伯特的妻子。她更是历史类中一个新的时代的表征和巅峰。18世纪最后的痕迹消失了，犬儒和玄学论者都粉碎了，职责、工业、道德和天伦战胜了它们。甚至于，桌子椅子都产生了响应，以一种简单、结实的方式呈现出新的美感。维多利亚时代到达了全盛时期。

第七节

　　只有一件事还亟待完成：需要创造能够承载这种新时代的物质和技术，需要它以一种可见的光辉在世人惊奇的目光前显示自身。是阿尔伯特完成了这一期待。他沉思，然后灵光显现：世博会的想法进入的他的脑子。

　　针对这一想法，他没有向任何人请教，他自己考虑到了所有琐碎的细节。在世界上，以前也有过类似的展览，但是这次要超越之前所有的会展。这次会展要囊括所有国家能够生产的大量展品，包括原材料、工业制品、工业发明、手工制品、以及应用和塑料艺术。这不仅仅是为了实用和装饰。同时，还包含着道德教育的作用。它将成为人类文明的国际性纪念——和平、进步、繁荣。在过去的很长时间里，亲王针对经济和工业问题投入了大量的注意力。他对各式各样的工业品都感兴趣，有一双敏锐的眼睛，他不止一次像专家那样精准地在巨大而复杂的引擎中找到了失踪的齿轮。在一次到利物浦的旅行中，他为船坞开幕，现代工业的宏大气象使他印象深刻，虽然他在写给维多利亚的信中仍然小心翼翼地保持轻松的笔调。他半开玩笑地评论说："当我在写信的时候，你一定还在为了晚上的活动精心打扮，并且到吃晚饭的时候还没有准备好。我不得不做同样的工作，希望不至于同样的结局……当地居民抱有十足的热情和忠诚。但是，天气炎热。如果利物浦的人们今天早晨刚刚称过体重，现在再称一次，他们应该发现自己体重轻了一些，我对此很满意。船坞棒极了，船只也令人难以置信。"从童年时期开始，他就对艺术和科学产生了浓厚的兴趣。他的家政改革毋庸置疑使他的组织才能得到了发展。因此，无论从哪个角度来看，阿尔伯特在面对这项任务时都是合格的。提出了他的计划之后，他召开一次小型的会议，制定了博览会大纲。会议通过了这个计划，接着这项巨大的计划就毫不迟疑地被提上了日程。

然而，等到它真正执行，时间已经过去了两年。在这两年时间里，阿尔伯特勤奋地劳动着。刚开始，一切都进行得很顺利。领头的制造商热情的响应他的想法，殖民地的东印度公司也很支持他，很多国家都送来了他们的产品、罗伯特·皮尔爵爷提供了有力的帮助，阿尔伯特挑选了海德公园作为展览会会址，并任命著名巨型音乐学校的设计师约瑟夫·帕克斯顿进行会馆设计。当所有的工作即将开展实施时，出现了一系列麻烦。反对的意见早就存在，长时间潜藏在各个角落里，现在突然爆发了。社会上有大量的怨言，带头发难的是《泰晤士报》，他们反对把公园用来展览。看上去，展览大厅一度要被改址到农村。但是，经过议会中激烈的辩论，支持会议选址的人取得了最终的胜利。接着，似乎这个计划缺少足够的资金支持。但是，亲王最终获得了二十万英镑的保障金拨款，这个问题也随之解决。玻璃大厦越盖越高，不仅占据了大量的土地，而且将许多高耸入云的榆树圈在了大厦的房间内。因此，反对派的愤怒达到了顶峰。他们当中有赶时髦的、有谨慎小心的、还有敬畏神明的，所有的人都加入了反对者的叫喊和呼号。他们声称世博会会成为英国暴徒甚至是整个欧洲反动分子的集聚地。在世博会开幕的那天，那里将发生暴动，甚至可能恶化为一场革命。他们断定，大厦的玻璃房顶是透水的，五千万只麻雀从天而降就能摧毁这栋建筑中的一切事物。那些被激怒的不信奉国教的人声称世博会是傲慢、邪恶的事业，毋庸置疑会遭到上帝对于整个国家的惩罚。在一次国会的争论中，斯布索普爵爷祈求上天降下雷电和冰雹摧毁这该死的东西。然而，阿尔伯特依靠绝不退却的坚韧和无限的耐心，逐渐实现着他的目标。他的健康状况因此受到了严重的影响，他承受了严重的失眠，他经常感到体力不支。但是，他记得史多克玛的教诲，从来没有休息。他的劳动一天比一天繁重，他召开委员会，主持公共会议，发表演说，同时还要和文明世界的每一个角落进行通讯。他的努力最终获得了回报，在1851年5月1日那天，世博会在万众瞩目之下、在炫目的胜利光彩中，由女王主持召开了。

维多利亚本人近乎到了一种疯狂状态边界。她在快乐、激动和惊喜的状态下履行自己的责任，当这一切结束的时候，她将自己的感情在日记里肆意倾泻。那一天是无尽的光荣，或者说是巨大的荣耀，是来自于阿尔伯特的荣耀。她所见到、她所听到、她所感到的每一件事都是那么精彩，以至于她用画线的方式强调这些。她写下，在大厦外部，大量的人群行为得当，那么多国家的国旗迎风飘荡。在大厦内部，站满了人群，阳光穿过屋顶直射下来，这个地方太大了，以至于我们很难听到风琴声。感谢上帝，这是一次奇妙的政客和优秀人士的聚会。上帝保佑我最亲爱的阿尔伯特，上帝保佑我最热爱的祖国！惠灵顿大公和安格赛尔公爵手挽手地走了进来；帕克斯顿先生理应感到骄傲，他在一个普通的园丁的家里长大；乔治·格雷甚至哭了，每个人都感到惊喜而开心。

在坎特伯雷大主教短暂的祷告之后，由六百人组成的唱诗班唱起《哈利路亚大合唱》时，一件令人尴尬的事情发生了。正在这个时刻，一个中国人，穿着全套国家的服装，走进了中央大厅，慢慢地朝着皇族人员前进，向女王行礼。女王十分感动，没有产生任何疑虑，觉得他是个大官。到列队行进的时候，命令指示说，因为"天朝"没有派代表出席，他应该被安排在外交官的队伍里。因此，他十分庄重地、紧紧地跟在大使们身后。接着，他突然消失了，据流言说，他根本不是什么朝廷重臣，只是个骗子罢了。然而，从来没有人明白那张黄色的面孔上呈现出的泰然自若的表情意味着什么。

　　几天之后，维多利亚向她的舅父倾吐自己的心声。5月的第一天，她说，是"我们历史中最伟大的一天，是最魅力四射、最有影响、最摄人心魄的奇观，也是我最心爱的阿尔伯特成功的日子。这是我生命中最快乐、最值得骄傲一天，除此以外我再也想不到别的事情。阿尔伯特的名字将因为这个伟大的概念永垂不朽，他自己，还有我可爱的国家获得了她值得拥有的这一切。这一胜利是巨大的。"

　　事实确实是这样。热情传遍了全球，甚至于那些怀恨在心的敌对人士也转换了想法，加入了赞美的人群。祝贺从各种组织纷至沓来，巴黎甚至为博览会举行了庆祝活动。女王和她的丈夫在英国北部进行了一次胜利游行。经济收获同样相当可观。展览会的总收入共计十六万五千英镑，足以在南肯辛顿购买土地，并以此建造一个永久性的国家博物馆。在世博会于海德公园进行展览的六个月期间，超过六百万人到那里进行了参观，一点意外都没有发生。可是这一切终归要结束，"水晶宫殿"该转移到清净的西德纳姆去了。维多利亚虽然极其不舍，但是还是由它发生，她到那里进行了最后一次参观。她说："它看上去太美了，难以相信这是我最后一次见到它。风琴正在那里奏响，伴随着一种叫作'索默乐风'的美妙乐器，这一切都是我感到忧伤。幕布已经非常脏了，红色的窗帘也逐渐褪色，所有的事物都像是被玷污过一样。然而，这种影响却还是新的，美丽如初。玻璃喷泉已经被搬走了……工程队像工程刚开始的时候那样，推着小箱子。这一切让我觉得非常凄凉，但是更振奋人心的想法却接踵而至。"当一切结束以后，她给首相写了一封情感热烈的信件，表达她无尽的满意。她认为她丈夫的名字会被历史永远铭记，这使她感到快乐。女王最后总结道："我感谢上天的恩赐，让我能够和一个如此伟大、如此高尚、如此卓越的亲王结为夫妻，这将会是我生命中最快乐和最值得骄傲的一年。博览会闭幕那天，是我同阿尔伯特订婚的第十二个纪念日，这是一个神奇的巧合。"

Charpter V

第五章　帕默斯顿爵爷

第一节

在 1851 年，亲王的好运到达了顶峰。世博会的成功举办极大地提高了他的声誉，确立了他的国家领导地位。然而，时隔短短一年，他又取得了另一个非同寻常的巨大胜利。随之而来一系列积攒已久的事件终于都有了结果。

时间在不断流逝，但是阿尔伯特在贵族社会却始终不受欢迎，而阿尔伯特对此却越发不屑一顾。在过去的某段时间，上流阶层对他的态度似乎眼见着就要从不待见转变为追捧。但那只是因为他们在阿尔伯特造访乡村时发现他竟然能够骑马狩猎！而他们原本以为阿尔伯特的骑术只能算得上是二流，但事实上他不仅可以骑马飞跃由五根栏组成的障碍物，甚至还能骑马猎杀狐狸，仿佛他原本就是在莱斯特郡长大的一般！他们无法相信，甚至怀疑是不是自己搞错了——阿尔伯特其实是个不错的人。还是说，真实的情况是阿尔伯特刻意地向大家展示他的好马和骑术，只是为了让人们这么认为。

实际上，阿尔伯特根本没有这样的想法，狩猎对于他来说，不但无聊，而且让维多利亚感到担心。但所有的这些揣测，并没有对他产生任何影响，他依然像从前那样骑马，如他所说，只是为了锻炼身体和出行方便而已。至此，人们才终于明白，阿尔伯特虽然骑术精湛，却对狩猎毫无兴趣。

从查尔斯二世登基到现在，王室成员都是不时尚的，即便是那个成为例外的乔治四世看上去也增添了很多老派的作风。上层社会的敌视，只是这种敌对势力中的一个表征。实际上，重要的不是时尚与否，仇视的原因远在行为和趣味之外。一言以蔽之，阿尔伯特不是英国人。这句话准确的含义可能很难说清，但是，每个人心里都十分明白。帕默斯顿爵爷也不时尚，辉格党对他心存质疑，只是把他当作命运推给自己的必需品一样忍受着。但是帕默斯顿是彻头彻尾的英国作风，他身上表现着英国种族的最基本的特质。他和阿尔伯特是事物的两极。借由这个典型的英国绅士能够和这个来自海外的异乡人近距离接触的机会，原本在平和的环境中，关于种族问题的争论能够得到平息和消解，但是现如今却被加强到了最严重的状态。阿尔伯特灵魂深处的力量跳跃而出加入到了与敌人的战斗当中，在将来很长的时间之内，这场不可调和的矛盾都相伴相随，看上去阿尔伯特就像是和英国这个国家在进行抗争。

帕默斯顿的一生都在这个国家的政府部门中度过。在他只有二十一岁的时候，他就做了大臣。在他二十五岁的时候，有人任命他为外交官，但是由于他谨慎的性格，他谢绝了这一邀请。他的第一任职务毫不间断地延续了二十一年时间。当格雷爵爷掌权的时候，他被任命为外交官，虽然有两次间断，但是他在这个职位上又持续任职了二十一年。在这一时期，社会上对他的评价持续走高。到了1846年，他第三次成了外交长官。他在国内的地位，即便不比首相约翰·拉塞尔高，也和他不相上下。他是个个头高大，体型健硕的六十二岁男人，长着一头颇有活力的头发，圆圆的大脸和染色的须髭，还长着一片有点讽刺意味的上嘴唇。他的私人生活并不体面，但是他通过自己的婚姻巩固了自己的社会地位。在他晚年的时候，他迎娶了考珀女士，也就是梅尔本爵爷的妹妹，那个具有十足影响力的辉格党女领袖。他有实力、有经验、有极度的自信，因而不会对阿尔伯特有一丝注意。为什么要注意他？阿尔伯特热衷于外交事务吗？既然如此，就让阿尔伯特来关注他吧。当阿尔伯特还在摇篮里的时候，他就已经成了这个国家的民选领导，成了内阁大臣，而且在他过去的生命中，只要是他想做的事情，没有不成功的。这绝不意味着他想要引起阿尔伯特的注意。到目前为止，阿尔伯特看上去仅仅是个年轻的外国人，没有任何恶习，唯一使他与众不同的原因是他娶了英国女王。然而，这样的估计会让他最终认识到自己的错误。阿尔伯特绝非无名小卒，更何况，在阿尔伯特身后还有另外一个重要的人物史多克玛。

但是帕默斯顿由于忙着他的计划，他将类似的想法全部抛在了脑后，这是他最喜欢的做事方式。他靠眼疾手快的本能生活，当危机出现的时候总是能够灵巧地应对。他十分勇敢，没有什么比驾驶航船在狂风大浪中行驶更让他觉得狂热的了。可实际上，勇敢和非理性之间只有一线之，越过这条线靠的是直觉。帕默斯顿却从不走过这条线。当帕默斯顿认为现实需要他停下来，慢一点走，他实际上就走得很慢，尽管他的整个职业生涯充满了冒险和奇遇，但是却印证了那句格言："能够等待的人终得好事。"然而，当他想要快起来的时候，就没人赶得上他。 有一次，帕默斯顿从奥斯本回来，他发现他错过了通往伦敦的火车。他要求额外再加一列车，但是车站站长告诉他，再临时加开列车是危险的事情，他不允许这么做。帕默斯顿坚持声称，他到伦敦有重要事要做，不能够再等了。所有的官员都支持站长的说法，反对加开列车，他们说自己不能够承担这样的责任。帕默斯顿像以往那样专断地说："那么，我来全权担责！"车站站长最终加开了列车，这位外交大臣也毫无意外地抵达了伦敦。这个故事能够说明他用来处理他的做事风格。他说："英国，强大到可以承担任何结果。"显然，在帕默斯顿的领导下，这个国家确实如此。尽管有的官员强烈反对，甚至气得抖腿，但是帕默斯顿总是以"我全权负责"的说辞将他们打发了。他按照自己的选择，带领国家走向胜利的终点。他能够获得如此巨大的欢迎，部分是由于他的外交政策的成功，部分由于他的和蔼，但是最主要的原因还是他能够理解国民的情感，并且为他们的利益着想。大众知道，帕默斯顿爵爷不仅仅是个官员，而且是个全身心奉献的公仆。无论从哪种意义上来讲，他确实是一个公务人员。当他还是首相的时候，他注意到格林公园的草坪周围被安装了铁栅栏，他马上给相关责任大臣写信，以一种非常严厉的语气命令说，这些栅栏是讨人厌的东西，草坪的作用就是供人在上面随意地走动，不要限制人们，无论是年迈的还是年轻的，他们拥有在草坪上休憩的权利。就是以这样一种精神，作为外交官，他总能够为那些身在海外的英国人着想。英国人都非常认同他的做法，但是外国政府则不太愉快。他们觉得帕默斯顿爵爷是个好管闲事、让人生怒并且机警的人。在巴黎，人们称他是可怕的帕默斯顿老爷；而在德意志，人们则编了一段小曲：

> 倘若说魔鬼有子孙，
> 那人就是帕默斯顿。

但是他们的怨言、恐吓和愤怒都无济于事。帕默斯顿嘲讽地噘着他的嘴唇，无所顾忌，继续按照自己的心意行事。

在他恢复职位之后，第一个外交危机出现了，此事与女王夫妇紧密相关，很快就得到了圆满的解决。在过去的几年里，欧洲高级法庭面临着一个巨大的难题。自拿破仑时代以来，西班牙频繁遭受着内乱的干扰，终于在年轻的女王伊莎贝拉和她的母亲克里斯蒂娜的统治下迎来了短暂的、相对安定的时期。1846年，一直被视为外交目标的伊莎贝拉的婚事，打破了这份平静。提亲的人纷至沓来，伊莎贝拉的两个表兄弟也在其中，此外还有西班牙的王子、萨克斯·科堡年轻的利欧波德王子，还有维多利亚和阿尔伯特的表兄。但是因为种种原因，这些年轻的男人没能够令伊莎贝拉完全满意。此时伊莎贝拉还不到十六岁，她的婚期还可以再拖延几年。但年龄在求婚者眼中却不是问题。有一位位高权重的人声称："你有所不知，西班牙公主之所以能够得到王位，就是因为她们身上有鬼魅，常言道，丈夫还没选出来，但王位的继承人却已经先有了。"也有人推测，西班牙年轻女王的婚姻，应当由她自己、她母亲以及西班牙政府共同决定。但事情却并非如此。事实上，女王的婚礼成了英国与法国外交政策上的重要问题。路易斯·菲利普和他的首相基佐已经在暗中计划长达数年之久。法国国王的目标是重现路易十四统治时期的光辉荣耀，他希望自己的血脉能够掌管西班牙和比利牛斯山。为了实现这一目标，他不会让自己年轻的儿子蒙庞西耶迎娶伊莎贝拉，因为这种做法太过于明显，并会迅速引起强烈的反对。因此，他建议伊莎贝拉嫁给她的表弟加迪斯公爵，同时让蒙庞西耶迎娶伊莎贝拉年轻的妹妹费尔南达公主，这样难道还会有人反对吗？狡猾的老国王把秘密告诉了基佐，他早就知道加迪斯公爵没有生育能力，因此费尔南达公主的后代将会继承西班牙的王位。基佐摩拳擦掌，立即开始执行这一计划。但是，这个计划很快就被人识破了。英国政府高度重视这件事，不惜一切代价破坏法国的阴谋诡计。紧跟其后的是外交领域的斗争。甚至，看上去像是关于西班牙王位继承的第二次大战将要爆发。虽然战争最终得以避免，但是这个结果远非任何人所能猜测。

　　在漫长而复杂的谈判过程中，有一点使路易斯·菲利普的话产生了分量。他声称，利欧波德王子和女王结婚对欧洲平衡所造成的威胁丝毫不比蒙庞西耶与费尔南达公主结婚造成的威胁小。实际上，他的说法十分有道理。拿破仑战争给科堡家族带来了致命性的破坏。然而，现如今科堡家族却神乎其神地在整个欧洲扩展了自己的家族势力。利欧波德国王在比利时站稳了脚跟，他的外甥女成了英国国王，他众多侄子当中的一个成了英国女王的丈夫，一个成了葡萄牙女王的丈夫，还有一个则成了符腾堡的大公。似乎科堡家族时刻准备着将自己的成员派出，去填补整个欧洲王室重要的位置。甚至，远在欧洲以外，它也在发挥着自己的影响力。一个抵达布鲁塞尔的美国人对利欧波德国王说，部分美国人强烈地渴望恢复君主制政体，而不是愚人的统治。他建议利欧波德陛下能够将科堡家族的分支派遣去实现这些人的梦想。这样的危险，也许远在天边。但是，西班牙的危险却近在眼前。如果年轻的利欧波德王子打算迎娶伊莎贝拉，那么法国即便不会遭到削弱，也必将产生屈辱。这些就是路易斯·菲利普的断言。英国政府没有支持利欧波德王子的打算，即便阿尔伯特和维多利亚对于他们的婚姻还稍有期待，但是智慧的史多克玛诱导他们放弃这样的想法。解决问题的大门再次被打开了：如果英国不帮助利欧波德，那么法国也不会帮助蒙庞西耶。在欧洲的一座城堡里，协定被达成了，对话的一方是法国国王和他的首相基佐，另一方则是英国女王、阿尔伯特以及亚伯丁。亚伯丁是个外交大臣，声称英国绝不会出手帮助利欧波德王子缔结这门婚事。同时，基佐也向女王、阿尔伯特和亚伯丁庄严地保证，不到女王结婚和发生问题的时候，蒙庞西耶绝对不会迎娶费尔南达公主。一切都顺利地进行着，看上去危机就要结束了。但是，当帕默斯顿接任外交官的那一刻，所有的问题再次爆发。在给马德里的外交官的信中，帕默斯顿提到了女王伊莎贝拉丈夫候选人的名单，当中就有科堡的利欧波德王子。与此同时，他抓住了每一个机会，粗鲁地批评西班牙政府的暴政和缺点。这一封缺少必要谨慎的信，现在不合时宜地传到了基佐的手中。路易斯·菲利看到了机会，并抓住了它。虽然在信中，帕默斯顿从来没有提到过他认可或者是要帮助利欧波德王子，但是法国国王却认为英国背信弃义。既然这样，他就可以为所欲为了。他将信交给了女王的母亲，声称英国政府有预谋的策划科堡的婚姻，提示她对帕默斯顿保持警惕，敦促她越过这些困难，通过加迪斯和伊莎贝拉、以及费尔南德公主和蒙庞西耶的联姻来巩固西班牙与法国的友谊。女王的母亲感到很吃惊，同时怒火中烧，她轻易地相信了菲利普国王的话。唯一的问题是，伊莎贝拉一看到她的表哥就觉得不顺眼。但是这一问题迅速被克服了，在西班牙宫殿当中举行了盛大的晚宴，在晚宴的过程中，年轻的女王被诱导去认可那些对她提出的要求。不久之后，在同一天，两场婚礼同时进行。

这个消息像是一颗引爆英国政府的炸弹，他们心怀恼怒地看了这个消息，觉得完全被狡猾的国王给算计了。维多利亚尤其恼怒。不仅是由于路易斯·菲利普曾向她信誓旦旦地发誓，同时还因为他曾经获得过女王的信赖。他送给过威尔士王子一盒玩具士兵，还给了大公主一个漂亮的、眼睛能够开开合合的法国洋娃娃。现如今，却让女王觉得受到了羞辱和伤害。法国的王后写了一封正式的信给她，就像是在说一件自己家的事，她觉得维多利亚一定会对她的儿子蒙庞西耶的婚事感兴趣，"我想，他们的婚事将使我们享受天伦之乐，这是世界上最大的幸福，夫人是明白的。"可是没过多久，英国女王便出了这口气。在十八个月之后，路易斯·菲利普的政权便遭遇了不信任危机，他们的政权在英国的影响下被削弱了，最终到了地狱的边缘，他和他的家人像逃难的灾民一样来到了维多利亚脚下。

第二节

就这件事情来看，女王和阿尔伯特只考虑到了路易斯·菲
利普国王的背信弃义，而没有对帕默斯顿发火。但是，在接
下来的几年中，这对王室夫妻和外交大臣之间会产生许多巨
大的矛盾。就葡萄牙的外交政策而言，他们之间产生了尖锐
的争执，葡萄牙国内正面临着敌对党派的攻击。以女王和他
来自科堡的丈夫为代表，自然表示对葡萄牙的同情，然而帕
默斯顿却支持葡萄牙的进步党人士。时间还没有到1848年，
但是争执已经变得十分严重了。接连不断的革命在四面八方
风起云涌，王冠纷纷从王室的头上滚落，阿尔伯特和维多利
亚惊奇地发现，英国的外交政策无论是在德意志、在瑞士、
在意大利，还是在西西里岛都同情叛乱的势力。这样的情况
实际上正是帕默斯顿灵魂中所喜爱的。因为革命和暴动的发
生，四处充斥着危险和激情。帕默斯顿是坎宁的门徒，心中
怀有英国绅士对外来君主的深刻敌意，民众起义的场景，以

及压迫者被驱逐出宫殿的奇观，使他的内心中生出了无限快乐。他因此必须做决定，在这种全欧陆发生的大规模革命中，英国该站在什么样的位置上。这并不是说他信奉激进哲学，他没有任何哲学信仰。他在国内表现为保守派，在国外则是个自由主义者，他乐于成为一个自相矛盾的人。他不希望战争爆发，但是他看到即使没有战争，利用技巧、运用他在英国的权力，也能够使自由主义在英国发展起来。这是个冒险的困难重重的行为，但是他却敏捷地执行了起来。然而，总令他恼怒的是，在每个节骨眼儿上，当他需要集中全部精力，并且行动充分自由时，他发现自己总是被干预和分心。他的对手来自奥斯本，见多识广，如果只有女王一个人是不能办到的，阿尔伯特才是这一切的幕后主使。这真的令人烦恼，帕默斯顿很着急，他没有时间继续等下去。如果阿尔伯特坚持干扰的话，必须先对他视而不见。

阿尔伯特非常气愤，他十分赞成帕默斯顿，无论是他的政策，还是他做事的方法。但是，在他的眼中，帕默斯顿的行为可以简单地看成是专制的等价物。就整个欧洲而言，没有比无政府造成的混乱和乌合之众的暴力更糟糕的事情了。革命带来的危险是巨大的，即便是在英国，一场罪恶的运动可能随时会颠覆宪法并且废除立宪君主。因而，在这样一个危急关头选择去鼓励国外的革命势力是非常糟糕的。阿尔伯特自然而然地对德意志非常关心。他的本能、他的情感、他的成见都脱不了德意志这个根底。史多克玛也十分关切德意志政局，他在现任的德意志统治家族中有大量的亲戚，他们身处革命的躁动之中，每星期都会给他写一封表达愤怒的长信。仔细地从每个可能的角度考量过德意志的未来之后，他得出了结论，在史多克玛的指引下，对每一个德意志的爱国者来说，最高的目标就是将国家统一在普鲁士的领导之下。目前的情况极其复杂，结果难以预料。他惊恐地发现，帕默斯顿既不理解，也从不试图去理解革命后果所产生的影响。他完全是东一脚、西一脚地横冲直撞。到目前为止，他的行动不成体系，甚至除了对普鲁士的无缘由的不信任之外，他没有任何动机。

阿尔伯特之所以不同意帕默斯顿的政策实际上是两人性格本质差异的表现。在阿尔伯特眼中，帕默斯顿是个粗鲁、鄙俗的并且以自我为中心的家伙，混合在一起的自大和无知一定会不可避免地把事情引向灾难。帕默斯顿缺乏耐性、缺乏自省、缺乏原则和推理的习惯，这些都与阿尔伯特格格不入。对于阿尔伯特来说，匆忙地进行思考、做出决定或者依靠无法合理解释的本能行动，令他无法忍受。任何事情都要做得井然有序、小心谨慎。并且，他一定要通过一系列有逻辑的步骤达到目标。面对复杂的问题，他习惯于把个人的想法写到纸上。尽管过程繁复，但这样的做法经常被阿尔伯特采纳。他习惯于做总结，无论发生了什么事情，人们总能发现阿尔伯特做了备忘录。有一次，当和罗伯特·皮尔先生进行私人谈话时，他竟然把谈话内容缩减成了六页的提纲，大声读给罗伯特·皮尔听，还请他在提纲上签字。罗伯特向来不喜欢把把柄留在别人手中，因此变得十分不安。认识到这些，阿尔伯特为了缓解英国绅士的疑虑，敏捷地将它们丢进了火堆。但是帕默斯顿从来没有给过任何人向他读备忘录的机会，他非常不喜欢讨论问题。在别人能够明白他的意思之前，他已经投入到了实践当中。他这样的做法很可能在欧洲点燃战火。与阿尔伯特的谨慎、吃苦耐劳以及追求逻辑紧密相关的，是他充满了从每个可能的角度彻底认识问题的能力。他能够沉下心来，潜到问题的根脚处，严格遵守制定好的规章制度。在史多克玛的指导之下，他不断拓宽自己的视野，能够从理论和实践层面正视重要的问题。对于那个已经被直觉和习惯占据了大脑的帕默斯顿来说，规则就像是天方夜谭。帕默斯顿知道什么是经济、什么是科学、什么是历史么？他曾经关心过道德和教育么？在他的一生当中，他花费了多少心思去改善工人阶级的生存状况、提高整个人类的生活水准？这些问题的答案太明显了。同时，很容易猜想，帕默斯顿扬扬得意的评论会是怎样。"哈！尊敬的陛下忙着各种精细的打算和有益的计划！至于我呢，我必须说，我对自己今天早上的工作感到十分满意，我除去了格林公园的铁栅栏。"

　　然而，这个让人愤怒的男人并不喜欢说长道短，他倾向于以沉默的方式走自己的路。"置之不理"是他最长采取的手段。重要的外交文件总是很晚才交到女王手中，以至于她根本没有修正它们的时间，或者干脆根本不拿给她批阅。有时候女王进行了批阅，有些文章被否定了，有些则提出了修改意见，但是最终发出的还是最原始的版本。女王颇有怨言，阿尔伯特也跟着抱怨。但是，毫无作用。帕默斯顿总是表现得极其抱歉，似乎不明白为什么会发生这种事。他表示一定要给办事员严正的警告，女王陛下的要求一定会被采纳，类似的事情再也不会发生。但是，这样的事在不久之后又再次上演，王室的抱怨沸反盈天。维多利亚的愤怒被点燃了，难道帕默斯顿爵爷忘记了她才是英国的女王么？她怎么能够忍受，写着涉及国家大事的公文以她的名义送到海外，却不经过她的同意，甚至她压根儿不知道？还有什么是比收到各国王室义愤填膺的回信，却又不知道如何回答更有损于女王的尊严的事？她之所以不知道该如何回信，是因为，她完全认同他们的观点。她把矛头对准了首相，她说："任何抗议都没有对帕默斯顿爵爷起到丁点作用。帕默斯顿爵爷依旧像过去那样，假装没有时间把草案送给女王批阅就直接发布。"她把约翰爵爷召到自己身边，向他倾诉愤怒。在那之后，在阿尔伯特的建议之下，她在备忘录中记下了过去发生的一切："我说过，我觉得帕默斯顿偏颇的想法使英国蒙羞。他起草的文件总是像胆汁一样苦涩，对别国造成了极大的伤害。然而这些事却暗地里得到了约翰爵爷的许可，我经常因为处在这种焦虑之中而感到不安。"然后，她向她的舅父求救了。她绝望地环视欧洲大陆上的境况，写下"德意志的情景可怕极了，现在人们一定因为失去了之前那个和谐、快乐的国度而感到遗憾。我敢断言，那边还有好人，他们不甘心承受这种变态的、屈辱的生活。在法国，危机同样迫在眉睫。我们在那次调停中扮演负面的角色是不道德的。此外，爱尔兰的革命党人也在蠢蠢欲动，爱尔兰随时都有可能放弃对祖国的效忠。更何况，我们还要何应对加拿大、马耳他等地的问题？这让我非常痛苦。"但是，帕默斯顿爵爷关心的是什么呢？

约翰爵爷如今进退两难。他不同意帕默斯顿对待女王的态度。但是，当他要求帕默斯顿谨慎一些时，却收到了这样的答复：每年经由外交部派发的文件多达两万八千份，如果每一份文件都交给王室进行修改，那么将不可避免地耽误要事。如果将文件交给一丝不苟的阿尔伯特殿下进行检查，对殿下来说也将是巨大的负担。事实上，草案经常被拖延，已经造成了许多令人不悦的外交后果。这些理由对约翰爵爷产生了影响，因为这种局面与他个人的疏于管理密切相关，帕默斯顿爵爷甚至也不把重要的文件交给他签署。外交部几乎成了一个独立的权力部门，它根据自己的想法执行计划，甚至左右英国的政策。在 1847 年，帕默斯顿几乎在没有咨询内阁与首相的情况之下，把矛盾升级到了要和法国断交的地步。这样类似的事件还在不断发生。当这些事情被阿尔伯特知道以后，他认为除掉帕默斯顿的机会就快到来了。如果他能够趁机拆散约翰爵爷和帕默斯顿，那么赶走帕默斯顿指日可待。他凭借自己的毅力展开了行动。阿尔伯特和女王一起向首相施压。他们对他写信，对他大声呼号。碰巧，他们想到了克拉伦登爵爷，他是内阁中的重要一员，可以成为他们发泄忧愁的出口。他们邀请他在王宫中共进晚餐，在晚饭结束后，向爵爷宣泄了王室的愤怒。正如克拉伦登描述的那样，"女王爆发了，她表示了对帕默斯顿的激愤和不满，例数帕默斯顿的外交政策在全世界产生的影响"。当她结束之后，阿尔伯特接过了话茬，他没有女王那么愤怒，但是却同样对帕默斯顿表示强烈不满。克拉伦登爵爷认为自己处境窘迫，他不欣赏帕默斯顿的政策，但是他们是同僚。然而，他也不欣赏女王陛下的态度，在他看来，似乎女王夫妇误以为外交部是英国才有的特殊部门，可实际上他们同样不具备控制英国外交政策的权力。因此，他委婉拒绝了女王夫妇的入伙邀请。至于约翰爵爷，实际上不需要别人额外对他施加压力。他遭到皇家进攻，被自己的外交大臣忽略，过着悲惨的生活。他的地位，似乎在两块魔石之间上下摩擦，令他难以忍受。他也迫切地试图通过各种途径把帕默斯顿赶出外交部。但是，帕默斯顿绝不会轻易罢手。

在阿尔伯特的一本备忘录中，记录了那个时期，一次在他、女王以及首相之间展开的对话。约翰爵爷的焦急和愤怒，女王的辛辣和抱怨，还有来自阿尔伯特的日积月累的憎恶在这次秘密的聚会中汇聚到了一起。罪魁祸首就是那个令人神共愤的家伙，那个失控的、可怕的帕默斯顿。在这次对话中，约翰爵爷说，据他观察，既然帕默斯顿已经失去了女王的信任，外交部应该会同意更换长官。但是就这一点，阿尔伯特写下："女王打断了约翰爵爷的话，特意强调自己从管理能力以及个人作风这两个方面不待见他。"然后，阿尔伯特暗示说，如果内阁倒台，那么帕默斯顿极有可能担任新一届首相。约翰爵爷却说，他认为，帕默斯顿爵爷年纪太大了，已经超过了六十五岁，不能再继任了。最终，他们决定先按兵不动，但是必须保守三人谈话的秘密。

最终，在1850年，事情出现了转机。各种迹象表明，公众已经厌倦了帕默斯顿的外交政策所造成的动乱。当他支持唐·帕奇菲科这个英国人去和希腊政府作对时，看上去不仅是要把英国卷入对希腊的战争，同时还要将法国和俄国也拉扯进来。民众对帕默斯顿的不满正在累积，最终将爆发。弹劾他的动议通过了上议院表决。这个决议继续在下议院展开讨论，一旦决议被通过，帕默斯顿的命运将会发生反转。帕默斯顿一开始丝毫不在乎来自各方的攻击，但是他最后不得不反戈一击。他进行了长达四小时的演说，这场包含着解释、谩骂、争吵、雄辩、讨论的演说混合了各种演说技巧，他最终战胜了敌人。弹劾案未能通过，似乎命运女神阿特洛珀斯也在暗地里帮助他，帕默斯顿再一次成了英雄。更不幸的是，罗伯特·皮尔从马上摔了下来，死掉了。这个惨剧使帕默斯顿意识到，他清除了个人政治生涯中最后的绊脚石。他的威望抵达了顶点。当约翰爵爷提议要调换内阁和外交部的人马时，帕默斯顿断然拒绝了。

阿尔伯特十分失落，维多利亚也十分激愤。她写下："下议院已经失控了，成了麻烦。"阿尔伯特认识到，帕默斯顿的地位变得更加稳固，他决定采取更加激烈的行动。在五个月以前，那位先知式的男爵，以防突发事件，已经起草了一份备忘录，并将摘要放进了鸽子洞，随时供阿尔伯特取阅。现如今，突发事件发生了，备忘录需要被采纳。女王摘录了史多克玛的文字，并将它送给了首相，要求他把信转交给帕默斯顿。她写道："她认为为了避免酿下大错，她有必要向尊敬的外交大臣提出她的期许。她要求，外交大臣在发布决案之前，有必要让女王清楚地知道这些事，这样她才能给出来自王室的裁决。一旦她给出了裁决，外交大臣不能对其随意地、武断地歪曲或者修改。这样的事情如果发生，就是对王室的不敬，她将使用宪法赋予的权力辞退外交大臣。"约翰·罗塞尔爵爷按照要求，把女王的信交给了帕默斯顿爵爷。这桩公案，对于英国的宪政有十分重要的作用，但是却不为外界所知。

如果帕默斯顿是个敏感的人，他就该在女王来函之后自觉辞职。但是，他并不敏感。他贪恋权力，如今他的权力已经空前庞大。本能告诉他，目前还不是他离开的时候。然而，他的心绪被搅乱了。至少，他明白了自己在和强大的对手作战，对手的技巧和能力足以对他的职业生涯造成无法弥补的伤害。他因此，写信给约翰爵爷，简要地回应了女王的要求："我已经收到了女王给我的提议，我不会违背当中这些要求。"与此同时，他表达了与阿尔伯特会面的愿望。阿尔伯特迅速在王宫里召见了他。他发现，当帕默斯顿走进房间的时候，他非常激动，身体摇晃着，眼睛里含着泪水，我就这样被感动了，无论是谁、无论在什么场合之下，都没有见到过他脸上出现过一丝笑容。这个年迈的政客总是理由充分，而年轻的阿尔伯特则显得冷静而有礼貌。最后，在一通毫无重点的对话过后，阿尔伯特站起身说："你对于女王反对石勒苏益格草案的态度心知肚明。然而，她的观点被否决了，外交草案声称强烈支持丹麦君主政体完整。因为这件事，丹麦国王开始进攻石勒苏益格，以至于那里战火不断。如果荷尔斯泰因也遭到进攻的话，那么德意志就不会坐视不管。俄国早已说过，如果石勒苏益格战役胜利的话，那么他们将进行武力干预。倘若欧洲大战爆发，你准备如何应对？如果当时我们正在巴尔穆勒尔，而约翰爵爷在苏格兰的话，将会发生什么？女王有先见之明，要求你对如何应对这些可能发生的事件给出直截了当的回答。"令人感觉奇怪的是，面对阿尔伯特直白的提问，外交大臣竟没有能力给出答案。他说，整件事情十分复杂，刚刚尊敬的殿下提到的那些意外事件不太可能会发生。但是阿尔伯特坚持要问，他花费了整整一个小时的时间去索要答案，直到帕默斯顿自己起身鞠躬走出了房间。阿尔伯特惊讶地摊开了双手，又能拿这样的人如何呢？

实际上呢？尽管帕默斯顿做出了道歉和保证，但是没有几个星期，他那无可救药的老毛病就又发作了。奥地利有一个名叫奥诺的将军，他因为暴力镇压了匈牙利和意大利的叛军而臭名昭著。与此同时，他鞭打女人的恶习也家喻户晓。他来到了英国，想要去参观梅塞尔集团下属的啤酒厂。人们都称他为"土狼将军"[1]，他长着一张面目狰狞的脸庞，两撇椒盐色的胡须，因此这样可怕的名声不是空穴来风。碰巧啤酒厂员工当中有一个从维也纳逃难到此的难民，他向他的员工描述了奥诺将军的特征。奥地利的大使嗅到了危险，请求他的朋友不要出现在公共场合中，如果非要上街，应该把先把胡子剃掉。但是，将军没有听取他的建议。他去了啤酒厂，当他感到情况不对的时候，他已经被一群马车夫包围起来，拳打脚踢，胡子也被拔掉了。他躲进一条小巷子里，但是暴怒的人们举着笤帚，怒吼着"土狗！"跟了过来。他最终在公共场所中获得了庇护，在几个警察的保护下离开了。奥地利政府对这件事非常气愤，要求英国给出解释。帕默斯顿讨厌道歉。于是在对所发生的事情表示了简短的抱歉之后，他批评说将军"在这样一个时间节点到英国来访，真是不合时宜"。帕默斯顿在没有征求女王或者首相建议的前提下，向大使签发了公文。自然而然，当这件事暴露出来，政治风暴在所难免。阿尔伯特十分气愤，他觉得马车夫们的做法让人厌恶，认为他们就像"一群不受规约的、没文化的流氓"。帕默斯顿要求约翰爵爷收回他的发文，并且删去那些责难将军的话，向奥地利道歉。不曾想帕默斯顿突然温顺得像只绵羊，同意王室提出的一切要求。他收回了发文，并且重新致

1　奥诺（Haynau）与土狼（hyena）在英文拼写上有类似之处。

函道歉，和平再次被修复了。

平静只延续了一年时间，在1851年10月，科苏特到访英国，引发了另外一次危机。帕默斯顿想要在伦敦自己的家中接待这位来自匈牙利的爱国者，但是这种想法被约翰爵爷否决了。两人之间产生了尖锐的矛盾，帕默斯顿以辞职相要挟，约翰爵爷最终妥协了。但是，在几个星期之后，从芬斯伯里和伊斯灵顿来的激进派代表团聚集在外交部拜见帕默斯顿，并对他请愿。在请愿中，他们将奥地利和俄国的国王成为"可怕的刺客""冷血的独裁者"。在外交大臣的回复中，他虽然对这样的说法表示了不以为然，然而，却又漫不经心地流露出自己的愤怒。这种做法迅速引发了不满，内廷的愤怒和谩骂相继而起。史多克玛男爵说："在我看来，这个人在某种程度上说已经近乎发疯了。"维多利亚在另外一封信中，敦促约翰爵爷巩固自己的权力。但是约翰爵爷认为，就这件事，大众支持外交大臣的意见，他认为仍然需要等待时机。

时机很快便到来了。这一连串矛盾、威胁、愤怒终于在这一年快要结束的时候爆发了。12月2日那天，路易斯·拿破仑的政变在巴黎发生。紧接着第二天，帕默斯顿没有征询任何人的意见，就在给法国大使的通信中表达了他对于拿破仑政变的支持。两天以后，他收到了来自于首相的命令，据说命令来自于女王的口谕。命令说，英国政府对法国政变应该保持中立的态度。然而，在给驻法国的大使的官方发文中，帕默斯顿再次表示了对政变的支持。文件的签署没有经过女王或者首相的同意。约翰爵爷的耐心，就像他自己说的那样，"枯竭殆尽了"。他解雇了帕默斯顿爵爷。

维多利亚陷入了狂喜之中。阿尔伯特知道，与其说是约翰爵爷的胜利，倒不如说是他的胜利。他希望格雷维尔接替帕默斯顿的位置。于是，格雷维尔就被合法认命了。终于，阿尔伯特开始了他的外交事业。经历长达数年的斗争之后，他最终取胜。在他的家庭中，他是受尊敬的主人；在国家层面，世博会带给他尊重和光荣；现在，他打败了可怕的帕默斯顿，秘密地执掌了外交的最高权力。然而，这样就足以征服大英民族了么？据说，英国的子民有种令人讨厌的品质：他们从不认为自己会战败。

第三节

阿尔伯特的胜利是暂时的。几个星期之后，由于受到帕默斯顿的影响，约翰爵爷的内阁倒台，他辞职了。又过了一段时间，辉格党党徒和皮尔的追随者发生了权力之争，最终决定由亚伯丁爵爷任代理首相。帕默斯顿又一次回到了内阁当中。他没有再回外交部，这一点当然是好的。他在内务部任职，他的行动也许不会那么危险和不招人待见。但是，外交大臣不再是温顺的格雷维尔，克拉伦登爵爷担任了外长。阿尔伯特知道他行为谨慎、彬彬有礼，但他不可能听命于自己。然而，这些变化仅仅是一系列更为严重的事情的发端。

另一方面，事情正在酝酿成为一场灾难。人们突然认识到，这个国家处在战争的阴霾之下。在长达数月的时间中，那些变化莫测的外交辞令、那些令人头疼和愤怒的政策，使得情形变得更复杂，暴动已经蓄势待发。就在这种危急关头、在风云险恶的交涉当中，内阁突然宣布了帕默斯顿爵爷的辞职。人们压抑许久的愤怒终于爆发了。他们觉得，在许多复杂的国际环境中，英国人常常表现得很软弱。当他们得知，在权力中心还有帕默斯顿这么一个有力的、有勇气的、有决心的领导者的时候，他们再一次收回了心中的不信任。现在，他们得知，自己信任的人辞职了。这是为什么？他们愤怒、焦虑并且紧张不安，他们不顾一切地四处寻找着一切事情的答案。他们怀疑这当中有阴谋，并在空气中嗅到了暴动的气息。他们很容易找到了发泄的对象。不是有一个身处最上流社会的外国人么，不是还有一个对他们所敬佩的偶像充满敌意，并且无情、狂妄的外国人么？帕默斯顿辞职的消息一经传出，反对的声音在全国范围之内爆发，随之而起的还有暴动，一时之间全都压力倾注到了阿尔伯特的头上。

四处流传着女王的丈夫是卖国贼的流言，据说他是俄国朝廷的狗腿子，因为听命于俄国，所以强迫帕默斯顿离开，这样他就能根据英国敌人的利益需求来左右英国的外交政策。在长达几个星期的时间里，这种流言蜚语充斥着大大小小的报纸杂志。这不仅是公共场合的重要议题，甚至成了人们茶余饭后的话题，它们传遍了英国的大街小巷。随着时间的流逝，变得更加极端，更加不可理喻。那些有声望的报纸发出了他们谩骂的声音，而只需要半便士就能购买的传单也遍布伦敦街头，就连那些打油诗也表达着同样的情感和类似的猜疑：

来自皇家的阿尔，
已经投靠俄国佬。
如你所见亚伯丁，
面黄肌瘦眉频蹙。
老牛约翰肚里面，
装满俄国脏油脂。

（合唱）
送他回家让他哭，
阿尔不停在捣鬼。
德国小子太糟糕，
卖主求荣是叛徒。

周一深夜梦中起，
阿尔梦魇滚落地。
德国小子起疯癫，
梦中鬼话连成篇。
你听他痴话连篇，
哭哭啼啼对王语：
马上我要离开你，
回彼得堡老家去。
女王气地跳下床，

几个耳光解难题。[1]

在 1854 年 2 月的时候，据说阿尔伯特因为犯了叛国罪而被逮捕了，并且说他将会被幽禁在伦敦塔。而且据说女王也被逮捕了，大量的人群汇聚到了伦敦塔周围，打算亲眼看看这对被监禁的、来自王室的罪恶夫妻。

土耳其人去工作，
向熊[2]展示你奇伟。
英国岛上正流传，
阿尔关进伦敦塔。
可怜德国那小子，
何不早点开开眼。[3]

这些荒诞的事情，是战争在即的结果，实际上丝毫没有现实依据。帕默斯顿的离职是他的自发行为，与外交政策无关。他的离职不仅令国民吃惊，就连内廷也感到不可思议。阿尔伯特也没有通过任何途径为俄国谋取利益。正如以往发生类似情形的时候一样，政府开始在两种可能的政策之间左摇右摆，或者不干预，或者用武力进行管理。无论采取哪一种，只要能够贯彻到底，都可能以和平、胜利的结局解决这件事。

1　引自《可爱的阿尔伯特！》，大英博物馆保存的一种传单。
2　熊，在这代指俄国。
3　同注释 1。

但是如果将两种政策混杂起来，也许会最终引发战争。阿尔伯特性格谨慎，原本试图穿过欧洲外交的迷宫，最终却在迷宫中迷失了自己。但是，整个内阁同样对阿尔伯特感到迷惑。而且，当战争即将来临的时候，他的反俄情绪就像最好斗的英国人一样高涨。

尽管对于阿尔伯特的指控都没有实际的证据，但是如果不加以辩驳的话，在普通英国人的心中，这样的说法都有合理之处。女王的丈夫确实是个外国人，在外国长大，思维中被灌输了外国的想法，并且有一大批亲戚都是外国的皇亲贵族。这种情况虽然无法避免，但显然不受欢迎。反对的根由不仅是理论上的，实际上也产生了一系列不愉快的结局。阿尔伯特的德国习性仍然令英国的大臣们感到遗憾。帕默斯顿爵爷、克拉伦登爵爷、亚伯丁爵爷就此异口同声地表达着同样的忧思。每逢遇到关于国家政策的问题，消除内阁中来自德意志的成见、情感所占据的优势地位，近乎成了一项必修课。至于帕默斯顿，每次谈到这个问题，就会滔滔不绝。就他辞职所产生的愤怒，他非常严厉地声称是外国人的陷害使他成了一个受害人。他的责难虽然逐渐减弱，但是类似的暗示预示着阿尔伯特的外国身份以及他的外国教养将会导致不幸的结局。

其实，事情远不止于此。由于阿尔伯特的原因，宪政问题的重要性再次被提起。他的存在导致了旧事重提，国民要求对于王权的职能和范围进行限制。实际上，他已经掌握了这些职能和权力。那么，他是如何使用这些权力的呢？在克里米亚战争爆发之前的紧要关头，史多克玛给阿尔伯特写过一封长信。在男爵看来，立宪君主制，自从改革法案通过之后，便黯然失色。现如今，立宪君主制正面临着变成内阁政府制的危险 。旧的保守党，原本对于保持国王的特权抱有兴趣，但如今已经消失不见了；辉格党是自觉或不自觉的共和党人士，他们的立场相对于王权来说就像是狼对于羊。英国有一条法规，但凡在议会辩论中提起君主的姓名就是构成了违宪行为。男爵警告阿尔伯特："这条法令对王室家族是危险的。如果英国王室允许辉格党大臣执行这一规则，你就再也不要希求英国还会受到国王的影响。有这条法律条文存在，国王就只是一个可有可无的影子，要根据大臣们的喜好，点头以示同意、摇头以示反对。"男爵说，为了阻止这样的事情发生，最重要的事情是："不要让一切能够对王权起到维护作用的机会溜掉。这并不难做到，只要是直接关系到女王和阿尔伯特殿下的事，不至于使大臣感到为难。"君主最低的特权应该表现为君主能够成为内阁会议的永久领导人。由君主应该担任永久性首相，君主能够凌驾于内阁首脑之上，并且在纪律问题上可以施展权力。君主甚至能够参加并且制定政府的方案。因为，国王本人同他最优秀的大臣们一样德才兼备、热爱国家。把国王排除在议会之外，不允许他充分利用这些才能是不合理的。最后，男爵总结说："明智地使用这种权利，当然需要能够果断行事的思维，不仅能够很好的确保君主立宪制，而且还将把它提升到有力、稳定、和谐的境况。"

史多克玛解读宪法的方式只代表了一种可能性。实际上，他的观点很难与内阁责任制的基本构想相吻合。威廉三世虽然是立宪君主，但是他在位时却掌管议会。看上去，在史多克玛心中存在着一种关于王权的认知，他以为宪法应该赋予君主类似于威廉三世那样的权力。但是，这必然会导致王室掌握更多的权力，甚至超过乔治三世时期的英国君主，并最终使英国走上一条与民主改革相反的道路。史多克玛对自己的想法深信不疑，他还将这种观点灌输给了阿尔伯特，这件事意义重大。因此，有理由相信，阿尔伯特不仅仅是在理论层面信奉这一观点，同时他还竭尽所能地去将它变为现实。王室与帕默斯顿的权力斗争为以上判断提供了最有力的证据。根据史多克玛写于1850年的备忘录，当女王强调她的"宪政权力"，并因为帕默斯顿调换了她签发的文件而解雇他时，双方权力斗争达到了顶峰。实际上，备忘录内容就暗示着国王能够超越首相独立行使权力。约翰·拉塞尔爵爷急于增强自己的权力，并以此对抗帕默斯顿，接受了备忘录，实际上也就默默认同了国王的要求。更有甚者，在解雇帕默斯顿之后，约翰爵爷在下议院中解释这件事时，给予了1850年的备忘录以重要的位置。这就是说，只要国王不高兴，他就有理由解雇最有权力、最受欢迎的内阁大臣。在史多克玛和阿尔伯特的指引下，"立宪君主制"确实看似被"提升到从未有过的有力、稳定、和谐的境况"。

但是，王权膨胀的问题在动荡环境的围绕之下被加剧了。实际上，王室的权力宪法无法定义的人操纵着，他目前正施展着漫无边际的影响力。这个人就是女王的丈夫。一个无法被定义而实力强大的人现在要来扰乱长久、微妙并且被小心保护着的英国宪政的平衡。这种情况，是阿尔伯特意料之外的结果。他无意去削弱自己的权力范围，他认为这是他的职责，在1850年他告诉惠灵顿公爵，他要使自己融入他妻子的生命当中，让自己完全成为她的一部分。填补女王在行使权力时留下的每一个缝隙，无时无刻并且心怀忧虑地注视每一桩公共事务，在她面对复杂情况和困难问题时能够及时向她提出建议并伸出援助之手，而这些问题有的时候关于国际关系、有的时候关于政治、有的时候关于社会、有的时候仅仅是些个人问题。他不仅是女王的家庭领袖、私人事件的管理者、政治上的建议人，除此以外，他还是女王的丈夫、王室子女的导师、女王的私人秘书和终身大臣。史多克玛的学生确实沿着这条路走了很远，并且学得很好。大众痛苦地感受着阿尔伯特的权力在不断增加，但是却未曾想到维多利亚的导师也有他自己的导师。男爵的身影在权力幕布后隐约可见。那是另一个外国人！毋庸置疑，在这种情况之下，公众当然更加警惕。

几个星期之后，帕默斯顿收回了他辞职的决定，公众的激情像它当初升起时那样消失了。在议会中会面时，保守党和辉格党的领导人都在演讲中表达了对阿尔伯特的认可，确定了他对英国无可指责的忠诚，并维护他继续在国家事务中行使王权的职能。维多利亚高兴极了，她告诉男爵："我丈夫在国家事务中的位置被确定了，他各方面的功绩也被肯定了。当我们到上议院去的时候，大量民众蜂拥而至，他们都非常友善。"在不久之后，英国陷入了克里米亚战争。在这次斗争中，阿尔伯特的爱国情怀得到了展现，民众的仇恨因此消解。但是，战争带来的另一个结果却不能让这对王室夫妇开心：它使帕默斯顿的野心得逞了。在1855年，约翰·拉塞尔爵爷称"帕默斯顿年事已高，不再能执掌内阁"。但是，事实证明帕默斯顿最终成了英国的首相，并且除了一次短暂的离开，他在位长达十年之久。

Charpter VI

第六章　阿尔伯特的晚年岁月

第一节

　　这位不关心政治，也从不读报纸的年轻人，已经从一个柔弱青年成长为一名坚忍不拔的男人，他埋头处理繁重的政府事务和一些重大国事，精力旺盛，不知疲倦。他现在从早忙到晚。冬日里，天还未亮，就看见他坐在书桌前，在绿色的灯光下工作着，这盏台灯是他从日耳曼带回来的，他还特意拆开，精心改良了一番。维多利亚也很早就起床了，不过要比阿尔伯特迟上一些。这时光线晦暗，寒气逼人，她来到自己的书桌前坐下，旁边便是他的桌子，桌上通常已经放好一叠整齐的公文，等着她审阅、签字。一天便这样开始了，接下来就是不停地工作。早饭时间到了，他曾讨厌的报纸都被送了来，阿尔伯特细细阅读起来，全神贯注，别人问话他也不理，有时他觉得哪篇文章不错，就会大声读出来。之后，则要会见大臣，处理大批信件，还有数不清的备忘录要写。维多利亚把每句话都放在心上，每封信都保存下来，小心仔细，奉命唯谨。有时阿尔伯特也要向她求教。他拿自己写的英文文书给她看，他会这么说："把这个仔细读一遍，其中如果有错误就告诉我。"有时，他递一份草案给她签字，他会说："这是我为你拟好的一份草案，读读吧！我觉得这样就可以了。"就这样，时间在勤奋、仔细、专心致志的工作中过去。留给娱乐和运动的时间越来越少。他们还减少了许多不必要的应酬，甚至有时就草草敷衍一下。尽早上床休息已经不只是为了享受，而是为了第二天按时起床工作，不得不这样。

虽然阿尔伯特整天关心的都是些艰巨的政府事务，但他过去的爱好和兴趣也并未减少，他依旧热爱艺术、科学、哲学，参加各种业余活动，似乎他参与的越多，精力就越旺盛。只要是工作需要，阿尔伯特就积极踊跃地去做。他不知疲倦，主持完博物馆开幕式，又去参加救济院的奠基礼，为皇家农业协会致辞，还要出席英国科学促进协会的会议。他很喜欢国家美术馆，他按绘画流派来为那些名画做出安排，细细拟定好这些规则，他还试过（尽管没成）把所有藏品运到南肯辛顿去。菲欧杜拉，如今的霍恩洛厄大公夫人，英国之行结束后，写信给维多利亚，赞美了阿尔伯特一番，称不论是其性格为人，还是处理国家事务的表现，她都十分钦佩。她还引用了其他人的意见："我必须借用一下克隆普先生不久前写给我的话，他说得完全正确——'皇族中鲜有能为任何原则（只要一意识到这原则是好的、高尚的）摒弃一切个人成见（或是感情）的人，阿尔伯特王子倒是其中难得的一位，而其他人，大都心胸狭隘，或是带有阶级偏见，总是不肯放下那些成见。'克隆普先生这话说得很认真，"大公夫人又补充道："同时也非常仁厚、公正，平日里遇到的事总让我伤心、烦恼，听了这些话，我真是宽慰不少。"

维多利亚打心底里赞同菲欧杜拉和克隆普的一切赞美之词。她觉得这还不够。每当她看着心爱的阿尔伯特为国事操劳，一有空闲又都忙于家庭事务、艺术欣赏和求知钻研，每当她在餐桌前听他说笑，听他用手风琴演奏门德尔松的名曲，或是向她讲起艾德文·兰西尔爵士画作的妙处，每当他带着她四处参观，教她饲养牲畜，或是为了好好欣赏温特哈德的画，让人把那幅盖恩斯巴勒的画再挂高一些——这时候她都会由衷地想到，世界上再也找不到这样的丈夫了。他看起来无所不能，所以后来当他想出一个变污水为农肥的法子时，她一点都不意外。他解释说，水从下向上通过装置过滤，可将水中杂质留下，流出的污水可以用来灌溉，原理就是这样。他说："以前所有的计划，总要耗资百万，而我这个设计几乎没有成本。"不幸的是，由于计算时出了一点差错，这项发明没能实现，但是阿尔伯特依然喜欢开动脑筋，他像以前一样热忱，之后又一心钻研起平板印刷术的基本原理来。

不过，他和维多利亚最关注的自然是孩子们。皇家育婴室还没有空下来的迹象。1850 年，亚瑟王子诞生；三年后，利欧波德王子出生；1857 年，比阿特里斯公主出生。不管在哪里，一个九口之家，负担必然很重，阿尔伯特也完全明白，孩子们生在皇家，父母尤其要用心培育。重视教育是自然的，他自己便是教育的成果，史多克玛造就了他，这次换他担负起史多克玛的责任（甚至要超过史多克玛），去培育他带到这世上的年轻生命。维多利亚会协助他，无疑他做不了史多克玛，但他可以随时关注着，既做严父也做慈母，时刻为孩子们树立好榜样。这些想法自然是先用在威尔士王子的教育中。在培养未来英国国王的过程中，一点小小的影响就能产生不可估量的意义！阿尔伯特满怀希望地开始了。他和维多利亚一起关注着孩子们身体、智力和道德教育中每个细节，没多久他就在长子的成长中，发现一些不尽如人意的地方，这让他感到些许沮丧。长公主倒是个极为聪明的孩子。贝蒂王子呢，虽然脾气很好，温柔和顺，却似乎对一切动脑子的事情很是抵触，这是最可惜的。但补救起来也不难：父母要更用心地指引他，不能有片刻松懈。因此，他们又选了一些家庭教师，重新修订了课程计划，安排了学习时间表，而且做了一份精细的备忘录，以应对任何可能出现的意外。最重要的是，决不能有丝毫懈怠，阿尔伯特说道："这是工作，必须得当成工作。"它的确成了工作。这个男孩儿没完没了地学习词形、句法、大事年表、谱系表和海角表。在这样日复一日的学习中，他长大了。阿尔伯特、女王和教师之间通信往来不断，有时询问孩子的近况，有时是报告成绩，还提出一些细致的建议。这些字纸都被悉心保存起来，以供将来查阅。此外，还有关键的一点，就是要保护好王位继承人，避免受到外界一丝一毫的不良影响。他们偶尔才准许威尔士王子邀请贵族子弟中一些品行不错的男孩子，到白金汉宫来，陪他在花园里玩耍，他的父亲则一丝不苟地看着他们玩。总之，凡是能想到的事情，都得小心提防着。可是，说来有些奇怪，尽管已经事事挂心，这孩子还是不太让人满意，实际上还越来越糟糕。这太奇怪了：给贝蒂安排得功课越多，他做得越少，越是怕他飞扬浮躁，他就偏爱寻欢作乐。阿尔伯特伤心极了，维多利亚有时也气得不行，但再难过、再生气也没有用处，不如监督来得有效。虽然如此，威尔士王子还是长成了一个男子汉，只是一点"坚持、贯彻其学习和生活计划"（这是他父亲一早就定下的目标）的样子都没有。

第二节

　　奥斯本的确是个避难的好去处，在这里，不需要为政治问题忧心，也不用做些无聊的应酬，无须出席各种浮夸的国家典礼。可是没过多久，这里也还是免不了受到外界的影响，毕竟，索伦特海峡这个屏障也替他阻挡不了多少。啊，要是有一个远离世俗、人烟稀少的理想去处该多好，只和家人在一起，过一个愉快的假期，就像过上了另外一种人生！新婚之后的那几年里，维多利亚与阿尔伯特一起拜访了苏格兰，自那儿回来之后，她的心便留在了苏格兰高原之上。几年后，故地重游，她的爱更深了。那儿是多么浪漫！而且阿尔伯特也很喜欢！只要置身于山林之中，他便神采飞扬起来。她在高原的时候曾在日记中这样写道："看着他就是一种幸福。""啊！还有什么可以和大自然相媲美呢！""在这里是多么快乐啊！阿尔伯特也开心极了，他已经迷上了这里。""阿尔伯特说，山地之美，在于它的千变万化。直到六点我们才回家。"后来她还曾有过一次更远的冒险之旅,攀登到一座险峰之顶。"简直太浪漫了。我们登顶时,只有一个高原人牵马跟在身后(因为我们两次从马上下来,四处走了走)……回到家时已经十一点半了,这次骑马、散步的时光是我有生以来最愉快、最浪漫的经历。我还从未攀上过这样的险峰,那时的天气也很不错。"那里的居民也是一群不同寻常的人。她还写道,他们"从不惹是生非","他们很爽朗,很幸福,很快活,常常走动、奔跑,很爱做事"。阿尔伯特"很喜欢这些有教养,为人纯朴又富有智慧的人,和他们交流起来很愉快,而且也能学到一些东西"。女王陛下写道:"我们总是和那里的人聊天,在高原上你总会经常见到他们。"他们身上的一切她都很喜欢,他们的习俗、衣装、舞蹈,甚至还有他们的乐器。她从布雷多尔本勋爵家中做客回来后记道:"城堡里有九个吹笛人,有时一人演奏,有时是三位。大约在早饭时间,他们会吹上一会儿,而后在上午和午餐时间,还有我们每次进进出出的时候也会吹奏,在晚餐之前还会再吹,还有吃晚饭的时候,也会吹上很久。我们俩都爱上这风笛了。"

谁会不眷恋这样的快乐,不想再多体验几次呢,1848 年,女王租下了巴慕乐别墅,一座矗立在阿伯丁郡荒野中的小庄园,位于布雷玛附近。四年之后,她把这块地盘都买下了。如今她可以享受每一个夏季,简单、自在地生活,可以度过每一个浪漫的夜晚,还可以一整天都不受打扰地跟阿尔伯特恩爱。庄园虽小,却因此增添了一份趣味。想象一下,你一个人住着两三间小卧室，孩子们都在楼上挤着，随从大臣得在一间狭小的卧室办公，没有什么比这更逗趣了。而且你还能随意进进出出，去写生、散步，去看那近在咫尺的红鹿，看望那些村民！有时你还可以再大胆一些，在阿特·纳·吉乌沙赛克的茅屋里住上一两晚，那是座有两间小屋带一个木棚的房子，里面总共住了十一个人！你还可以去登山，去参加庄严的石堆纪念碑建造仪式。"最终，当那座大约七八英尺高的纪念碑快建好的时候，阿尔伯特登了上去，放上最后一块石头，接着人们发出了三声欢呼。那场景愉快、美好而又感人，我几乎哭了出来。在那可爱的山峦之上，景色是那么迷人，天空是那么晴朗，一切都那么惬意。"到了夜晚，人们还会跳起剑舞和里尔舞来。

但是阿尔伯特决定拆了原来的小庄园，在原址上新建一座自己设计的城堡。依照阿尔伯特备忘录上的指示，新建筑的奠基仪式办得十分隆重，到1855年便可以入住。房子很宽敞，用大理石建成，带有苏格兰的豪华气派，有一座一百英尺高的塔楼和一些小角楼，墙造成了雉堞形，城堡的位置很妙，视野极佳，四周环抱着的群山，一旁还有流淌着的迪伊河，都能尽收眼底。在室内装潢上，阿尔伯特与维多利亚也花费了不少心思。墙壁和地板都是松木制成，外面铺上一层特制的格子花呢。红灰相间的巴慕乐花呢是阿尔伯特设计的，白色条纹的维多利亚花呢则出自女王之手，每个房间都能看到这两种花呢：有花呢帷幔、花呢椅罩，甚至还有花呢油毡。偶尔还能看到斯图亚特皇家花呢，这是因为女王陛下坚决支持雅各宾派。墙上挂着维多利亚的水彩画，还有无数的鹿角和一个野猪头，那是阿尔伯特在日耳曼捕来的猎物。在大厅的一个壁龛里，立着一尊阿尔伯特的雕塑，一身苏格兰高地的装束，与真人一般大小。

维多利亚觉得这里非常完美。她写道："这么多年过去，我越来越离不开这片亲爱的土地，到了今天更是这样，一切都是我最爱的阿尔伯特的创造，那都是他的作品，他的房子，他的布置……到处都显露着他不凡的品位，全都出自他那可爱的双手。"

在这里，她的的确确度过了一段最快乐的日子。多年以后，当她回首这些往事，一种灿烂的光辉，一种远离世俗的圣洁光芒，照亮了这一段金色的时光。每一个神圣的时刻都记忆犹新，美轮美奂，意味深长。这时，那里的每一个故事，或感伤，或沉重，或琐碎，像一道道神奇的光，都极为生动地在她眼前闪过。阿尔伯特昂首阔步的样子，她散步途中迷了路的那个夜晚，一不小心坐在马蜂窝上的维基，一次火把舞会……这种记忆越来越多，千千万万蜂拥而来，她激动地回想着，心中情丝缠绵。她飞快地拿起日记本，将这些全都记下！还有那一刻，威灵顿公爵的噩耗！消息传来时，她刚在寂静的山间进了餐，正坐在湖边写生。德比勋爵的书信来了，她意识到："英国或整个大不列颠的骄傲，一国的荣耀，一国的英雄，一个国家造就的伟人，已经离开。"这便是她记忆中昔日"老反叛"的样子。往事一笔勾销，什么都不记得了。多年以来，她几乎把公爵奉为完人。她不是一向支持罗伯特爵士吗？她不是还曾请求阿尔伯特在他之后接任总司令吗？当威灵顿公爵做了她儿子亚瑟的教父（亚瑟出生在他八十一岁生辰那天），站在他面前时，她是多么骄傲啊！于是她在日记中写着对他的赞颂和悼念，填满了整整一页纸。"他在臣子中享有至高地位，超越任何党派，受到所有人的尊敬，整个国家都敬重他，他还是国君的挚友……君上从未有过，恐怕将来也不会再有这样一位热忱、忠心而又值得信赖的臣属，一位如此坚定的支持者！失去他对于我们来说是个不可弥补的损失……他给予阿尔伯特以最大的善意与无限的信任……整个国家都将为之落泪。"在这些认真严肃的追思之后，她笔调一转，内容也是一样的动人、难忘：麦克劳德先生关于尼克迪莫斯的布道，还有 P. 法夸尔森太太和老基蒂·基尔收到的红色法兰绒裙子。

不过，最难忘而愉快的无疑是那些探险之旅，在几次激动人心的远游中，他们接连数日跋山涉水，走过陌生的乡村。随从只有两位苏格兰先导，格兰特和布朗，这两位仆从在旅途中都起了假名。这不像真的，更像故事里发生的事。"我们决定称自己'丘吉尔勋爵夫妇团'，丘吉尔太太来做'斯宾塞小姐'，格雷将军是'格雷博士'！布朗有一次给忘了，我上马车时他把我叫作'女王陛下'，格兰特也有一次在车上把阿尔伯特称作'殿下'，我们几个大笑了起来，但是一个看到的人都没有。"强健的身体、旺盛的生命力、极大的热忱似乎给她带来了好运气，高原居民说她有"福祉"，她对所有事都意兴盎然：一次次登山、一处处美景、一桩桩意外事件，还有简陋的小旅店和店里的粗茶淡饭、在一旁侍候的布朗和格兰特。只要阿尔伯特陪在身边，有布朗立在她的马前，她就永远心满意足了。然而回家的时间到了，唉！她愁眉苦脸地坐在房间里，注视着飘落的雪花。最后一天了！啊！如果这场雪能把她拦住该多好！

第三节

克里米亚战争让女王的生活变得愉悦起来。她要拥护祖国而支持战争、在教堂宣读应时的祷告词，还能听到前方大胜的消息，感受作为英国代表的空前骄傲，这些都是令她开心的事。她总是难以抑制自己的情绪，在"亲爱的战士"身上，她倾注了自己所有的感情、钦佩、怜悯和关爱。她为他们颁发奖章时兴奋极了。她给比利时国王的信中写道："多优秀的人！说实话我觉得这些人都像是我自己的孩子一样，我的心为他们跳动着，他们就像是我最亲近的人。他们是那么激动，那么开心，我听到很多人都哭了。要他们上交奖章拿去刻上他们的名字时，他们不肯听命，担心拿不回我亲手交给他们的那一枚，这真是太感人了。还有一些人甚至带着重伤前来。"他们的心已经紧紧连在一起。他们觉得是女王赐予他们光辉的荣耀，而女王，也从心底里为他们骄傲。阿尔伯特对这些事的反应有所不同，他总是稳重严肃，能抑制住强烈的感情。威廉斯将军打了英勇的卡尔斯保卫战回来，进宫觐见时，阿尔伯特迎接他的只是冷若冰霜的一躬，离得很远，动作迅速，还有些僵硬。他仍旧是个外来者。

不过他还有别的事情要忙，这肯定要比给那些军官以及来拜见的人留下好印象重要得多。他不停地工作，为了打赢战争，完成这项艰巨的任务。他不停地写下公文、快件和备忘录。1835 到 1837 年间，他就东方问题写下了满满五十本意见。他不会因为任何事而驻足不前。他的意见和建议下达之后，大臣们疲惫不堪，累得步履蹒跚起来，但他依旧建议不断，堆满了他们的写字台，一个个装满指示的红匣子朝他们涌来。这些建议也不能忽视。他在重组宫廷、策划万博会中的管理才能，一点不比应付复杂战争局势的能力差。有很多次，阿尔伯特的建议先是被否定或是弃置一旁，而后在局势紧张之际又受到启用，这才发现了它的全部价值。招募一个国外兵团，在马耳他建立一个兵站，设立塞巴斯特堡军情定期汇报制度——这都是他不断思考得出的计划和成果。不仅如此，他写下一份不厌其详的备忘录，规划了整个军队管理制度的基本改革大纲。虽然还不成熟，但他建立"集训营"来集中军事训练的提议成了阿尔德谢特军营的滥觞。

维多利亚这时候交了一位新朋友：她突然迷上了拿破仑三世。最初她很不喜欢他，觉得他是个声名狼藉的大胆篡位者，夺走了可怜的老路易·菲利普的王位，而且还和帕默斯顿勋爵串通一气。虽然拿破仑三世是她的同盟，但她还是一直不想见他，不过最终他们还是安排了一次访问，这位皇帝和他的王后要来英国拜访。他一到达温莎，她便心软了。他安静的举止，低沉而温柔的声音，简洁的话语，都让她很着迷。和英国的友好关系对于这位皇帝在欧洲的地位至关重要，于是他决意在女王面前施展自己的魅力。他成功获得女王的欢心。有些人的天性与她的性格会构成一种有趣的反差，她一遇到这样的人，内心深处就会涌起巨大的好感。她对梅尔本勋爵的敬意，很大程度上是出于对两人之间差异的不自觉的欣赏，她和这位老练世故、狡猾机敏又很有贵族气派的老人之间反差十分有趣。她与拿破仑之间的不同之处虽是在其他方面，差别也同样不小。她带着自己坚实的地位、传统和已有的幸福，新奇而又兴奋地窥视着那个陌生又不时闪烁的外国人，在她面前流星一般划过，这是个捉摸不透的人，任意妄为又得接受天命。她本来担心他们之间会产生敌意，但却惊讶地发现两人很有共鸣。她说：他是"如此安静、朴实，甚至是天真，乐意受教，还那么温柔、机智、高贵而又谦和，那么关心我们，从来不说让人尴尬的话，从不做让人不舒服的事……他身上有迷人、忧郁而又动人的地方吸引着你，即使你对他有所防范也挡不住，而且并非是任何外貌因素使然，虽然我是很喜欢他的样貌"。她注意到他的骑术"好极了，坐在高头大马上，他显得英姿飒爽"。而且他舞跳得"非常优雅、灵动"。最重要的是，他爱听阿尔伯特讲话，一脸敬佩地在听，确实乐于"受教"，而后他说自己从未见过能与阿尔伯特相提并论的人。有一次,确实——不过仅此一次——他似乎有些不耐烦。那是一次外交会谈,阿尔伯特在一份备忘录中写道:"我就霍尔斯坦问题做了简短发言,这似乎对这位皇帝来说太复杂了,他有些不耐烦。"

维多利亚还很喜欢那位王后,毫不嫉妒地赞美她的容貌与气度。欧也妮确实正当最美的年纪,衣着精美,一袭华美的巴黎衬架裙,将她修长而玲珑的身材烘托得十分完美。本来维多利亚见了可能要眼红,她身材短小还很健壮,相貌十分平庸,一身花哨的中产阶级装束,同王后在一起,她也很难得意起来。但维多利亚并不在乎,有时热得脸色通红她也不放在心上,头上猪肉派样式的紫色帽子已经过时,她也不去计较,欧也妮呢,打扮得美丽又时髦,摇曳着起起伏伏的荷叶裙边在她身边翩跹起舞。她贵为英国女王,难道这还不够吗?似乎的确是够了,她也知道自己才有帝王的威仪。不止一次,这两位一同在公众场合亮相时,正是这个看似天资和雕饰都十分匮乏的女人,散发出一种与生俱来的庄严,透出一股凌然的力量,将那精心修饰而又貌美的同伴完全比了下去。

告别时,大家都满含热泪,客人从温莎走后,维多利亚感到"十分怅惘"。不过,没过多久她就和阿尔伯特回访了法国,那儿的一切都令人愉悦,她戴着"一顶普通女帽",乘车在巴黎街头微服出行,去圣克鲁剧院看了一场演出,而且有一晚,在凡尔赛宫皇帝为她举办的盛大晚会上,她和一位举世瞩目的普鲁士绅士有过几句交谈，这位绅士名叫俾斯麦。她的房间装饰得很合她的心意，她说这里很有一种家的感觉，如果她的小狗也在的话，她可真要以为是在家了。不用她开口，三天后她一进门，她的小狗就叫着欢迎她回家了。正是这位皇帝本人，排除万难，不惜破费，亲自安排了这个可爱的惊喜。他就是如此悉心留意。回国后她比以前更着迷了，她感慨道："天意和命运可真是奇怪！"

同盟国捷报频传，战争几近尾声。女王和阿尔伯特都很担心和平谈判来得为时过早。阿伯顿勋爵想要开始谈判时，阿尔伯特在一封满是火药味的信中对他大加指责，维多利亚此时也在四处阅兵。最后，军队终于攻克了塞巴斯特堡。夜半时分，消息传到巴慕乐，"几分钟之内阿尔伯特和全部臣子一拥而出，绅士们还都穿着各种各样的衣服，身后跟着所有家仆，一会儿全部村民也都跟来了，看守、仆人、工匠全都爬上了纪念石堆。"篝火升起来了，风笛奏响，枪声齐鸣。"大约三刻钟过后，阿尔伯特走下来发言，这场面狂热、激动人心到了极点。人们饮酒助兴，喝起威士忌来，现场一片狂欢。"这样的"狂欢"，也许到了第二天一早就是另一副样子了，但无论如何战争结束了。尽管，它的结束和开始同样说不清楚，真是这样。天意和命运还是那样奇怪。

第四节

　　战争意外地完全改变了女王夫妇与帕默斯顿的关系。阿尔伯特和这位大臣因为在俄国问题上同仇敌忾而走到一起，因此当维多利亚组建内阁时，也没因为要请这位老对头而感到为难。首相一职也对帕默斯顿产生了制约作用，他不再那么急躁和专横，开始认真对待君主的意见，还对阿尔伯特的才识深为感佩。摩擦冲突无疑还是会不时发生，因为女王和阿尔伯特还是像以前一样一心扑在外交事务上，战争结束后，他们便又和首相产生分歧，尤其是在对意大利的外交政策上。照理说，阿尔伯特应该是站在立宪政府一边，可他不信任加沃尔，对加里波地也心怀警惕，很担心英国与奥地利开战。帕默斯顿则完全相反，他很希望意大利获得独立，但他已经不在外交部任职了，如今君王一怒，约翰·拉瑟尔爵士成了首当其冲的人。几年之后，局面发生了奇异的转变。现在约翰勋爵成了那个屈居人下又出力不讨好的角色，不过，外交大臣在与君主争论时，没有遭到首相帕默斯顿的攻击，反而得到了他的支持。虽然如此，这场争论还是很激烈，意大利最终实现统一，主要得益于英国的鼎力支持，英国的这项外交决议可是在朝堂之上力排众议的结果。

在欧洲另一个风暴中心，阿尔伯特与帕默斯顿依旧出现了分歧。阿尔伯特非常想看到德意志成为一个由开明的普鲁士所领导的实行立宪制度的统一国家，帕默斯顿对此并没有什么意见，他对德意志政治没有特别的关注，他倒是很赞同另一项女王与阿尔伯特都热心支持的提议，通过英国公主与普鲁士王子的联姻使两国王室之间结成联盟。于是，在公主还未满十五岁时，二十四岁的普鲁士王子前来访问巴慕乐，二人就此定下婚约。两年之后，在1857年，婚礼正式举行。然而到了最后，婚礼遇到了一个阻碍。普鲁士提出，作为皇家血脉，王子应遵循惯例在柏林完婚，这次也没有理由打破惯例。这话传到维多利亚耳中时，她生气得说不出话来。她发出一道手谕，虽说她的措辞一向有一国之君的威严，可语气还是极少这么强硬，她令外交大臣传谕普鲁士大使："这一问题绝不要心存妄想……于公于私，女王都绝不会同意此事，有人认为普鲁士王子前往英国迎娶大英帝国的公主是极为过分之举，这简直太荒谬了……无论你们普鲁士王子有过什么规矩，可不是每天都有人能迎娶英国女王的长公主。这事已经定下，毋庸赘言。"事情就这样定下，婚礼在圣詹姆斯教堂举行。女王举办了盛大的庆祝活动，到处张灯结彩，奏响了庄严的音乐，到处都是拥挤的人群，一片喜气洋洋的景象。在温莎的滑铁卢大厅里，她还为这对新人举办了一场隆重的宴会。维多利亚在她的日记中写道，宴会上"每个人都对维基非常友好、热情，其中巴克鲁恰公爵给我们做了最好的榜样，他和大家打成一片，和那些地位最低的人待在一起"。那些日子，她的情绪愈加激动起来，等到了这对年轻夫妇要离开的时候，她的情绪几乎失控，还好没有。"可怜的好孩子！"她后来写道，"我把她抱进怀里，为她祝福，不知道说什么好。我亲吻可爱的弗雷兹，一遍遍握紧他的手。他已经说不出话来，眼睛里满是泪水。在马车前，我又拥抱了他们两个，阿尔伯特和他们还有贝蒂上了那辆敞篷马车……乐队奏响了音乐。我向波旁恰一家道别祝福。苏雷克斯坦将军十分激动。我握了握他的手，还和亲爱的教长握了手，然后便很快上楼了。"

阿尔伯特与苏雷克斯坦将军一样动情，他就要失去他最爱的孩子。这孩子在启蒙阶段就像极了阿尔伯特，都是那样一个毕恭毕敬的学生，几年之后就长成一位良人伴侣。命运开了一个玩笑，偏偏把这个女儿从他身边带走。她富于同情心，非常机灵，爱好各种艺术和科学，还很喜欢那些备忘录。这些品质在留在身边的儿子身上，可一个都看不到。威尔士王子确实不像他的父亲。维多利亚的祈祷没有实现，一年一年过去，贝蒂已经越来越像布朗斯维克家族的真正后裔。这些天性越来越多地流露出来，他的父母只能在他身上多下些功夫了，他们不断督促、仔细引导，将这条嫩枝引到正确的方向生长，现在还为时不晚。各种方法都试过了。一批精选的教师被派去陪他去大陆旅行，结果并不尽如人意。父亲要他写日记，旅行回来后，他便交给阿尔伯特检查。日记内容单薄贫乏：这样的题目之下本可以写出多少有趣的回忆："威尔士王子访问教皇！"但他却一个字都没写。老梅特涅向居索报告道："这位年轻人深受大家的喜爱，不过他有些窘迫不安，还一副很不开心的样子。"在他十七岁生日那天，女王与阿尔伯特拟下一份备忘录，告知他们的长子，他现在已经长大成人，从今以后要履行一名基督教绅士的职责，备忘录这样写道："人生是由各种责任组成的，要做好分内之事，一丝不苟、乐于履职，这样才可以称得上一名真正的基督徒、一个真正的战士和一名真正的绅士……新的人生之门已经为你打开，你会学到什么该做、什么不该做，这是一项有待学习的科目，比你现在学过的所有科目都重要。"收到这份备忘录时，贝蒂流出了眼泪。与此同时，另一份备忘录也拟好了，题目是："机密：为指导随侍太子师所拟。"这份精心撰写的长篇文件定下"某些原则"，诸位先生的"行为举止"要以此为准绳，"并且威尔士王子也会受益于此。""一个社会中，一位绅士应具备的品质，"这份特殊文件继续写道，"包括……"

（1）其外貌、举止与衣着。

（2）其人际关系、待人接物的特征。

（3）在与人交谈中，或进行任何社交行动时，表现得体的愿望与能力。

接着便是对这些小标题的细致说明，写了满满几大页，结尾是对各位先生的最后一番训诫："如果他们能明白无误地理解自己身上的责任，将以上几条作为纲领，在一切场合中根据这些原则，带着智慧去思考，不因为事小便不放在眼里，而是恪守德行，始终如一，将会对王子成才大有裨益，也不辜负女王夫妇此番贤才选拔。"一年后，年轻的王子被送往牛津，又要时刻注意，不能让他和大学肄业生混在一起。是的，一切办法都试过了……除了一个，就是从未顺其心意，让贝蒂过得快乐。那为什么不试一下呢？"人生是由各种责任组成的。"在威尔士王子的生活中，还有享乐的可能吗？

就在阿尔伯特的长公主被夺走的那一年，他又失去了一样更重要的东西。史多克玛男爵最后一次访问了英国。正如他在一封写给比利时国王的信中所言，二十年来，在阿尔伯特与女王面前，他已经承担了"艰苦而劳累的工作，履行一位父亲、一个朋友还有一名可靠顾问的职责"。他已七十岁了，身心疲惫不堪，是时候离开了。他回到科堡的家中，一下就将欧洲的经纬事务里那些重要机密扔到一旁，以后就只听听那些外省首府的流言巷议，在家中闲聊畅谈。他现在正坐在炉火边那张硬邦邦的椅子上，昏昏欲睡中回想着一桩桩往事，不是那些王侯将相的事，而是有关邻居、亲人的还有很久之前家中发生的惊险事，父亲的图书馆起火，山羊跑上楼，闯进姐姐的房间，还绕着桌子转了两圈，接着又跑下楼去。消化不良和抑郁症依然折磨着他。不过，回想过去的一生，他并没有感到什么遗憾。他俯仰无愧。他说："在工作上，我已经竭尽全力，而且用心也无可指摘。有这一份坦然的心境，便是对我的报偿，对于我，这一样便足矣。"

显然，他的"用心"的确已经实现了。他用自己的智慧、耐心并且以身作则，在预定的时间内幻化出了他梦寐以求的惊人蜕变。阿尔伯特便是他的杰作。一个不知疲倦的工作者，向着最高的治国理想统治着一个伟大的国家——这是他的成就，他看着自己的作品，感到心满意足。不过史多克玛男爵这就高枕无忧了吗？他难道从未想过，或许他并不是做得不够，而是太多了？命运为那些朝乾夕惕的人设下的一个个陷阱，是多么精妙又多么可怕啊！表面看来，阿尔伯特的确在方方面面都达到了史多克玛的要求，善良、勤奋、坚韧又睿智。但他还是不尽如人意？为什么会这样呢？男爵有些放心不下。

因为，无论如何阿尔伯特从未得到过幸福。到最后，他工作起来有种近乎病态的狂热，工作只能缓解他的症状，而无法治愈，他总是不满意，那不满像一条巨龙，不断吞噬着他日夜操劳献上的贡品，津津有味地享用，然而它依然感到饥饿。他的心结被压在心底，难以理解，也许无法言说，生长于他性格的最深处，无法为理性的目光所理解。他的性格非常矛盾，哪怕是对那些最熟悉他的人来说，他依然是个不解之谜：他严厉又温和，谦恭又傲慢，他渴望温情，却又待人冷漠。他感到孤独，不仅因为独在异乡，更是由于怀才不遇。他有着一个空论家的骄傲，顺从天命的同时又自以为是。然而，也不能说他只是个空论家，因为纯理论家总能自得其乐，阿尔伯特却远不能满足。总有一些东西他想要，但却永远得不到。是什么呢？某种透彻却又无法言说的理解？某种不凡而崇高的成就？很可能，两方面兼而有之。既想高高在上还要被人理解！以一次成就，既让人们臣服，还获得其赏识、理解。如果真是这样，那的确很合算！但是，希望是这样希望，实际情况如何，他再清楚不过了。这里有谁真正赏识他？在英国，有谁能赏识他？况且，倘若连内在的美德修为尚不能将人感化，还能指望权谋和武力来逼人就范吗？他客居的这片可怕的国土，在他面前隐现为一个坚不可摧的庞然大物。无疑他有过一点小小的影响：他确实赢得了同僚的尊敬，他为人正直、勤奋、一丝不苟，这些都得到了人们的认可，他的确是一个很有影响、举足轻重的人。但是，他的雄心壮志远不止于此！要与挡在面前的这个混合了迟钝、愚蠢、懒惰、无知、混沌的庞大国家相抗衡，他的努力看起来是多么微不足道而又徒劳无功啊！他也许有能力四处做一些小修小补的工作，做些无伤大雅的变动，废除一些不合常理的规定，支持某项势在必行的改革，可就是从未触及这可怕国家的核心。英国依旧我行我素，悠然自得地沿着它那条不堪的老路，拖着笨重的身躯缓缓前行。阿尔伯特目标坚定，一咬牙，心一横，便跳到了它前进的路上，然而它轻轻一扫，他就被扔在一边。是的！就连帕默斯顿他也没能打败，帕默斯顿依然折磨着阿尔伯特，还是那样一副扬扬得意、昏聩颟顸又蛮横无理的样子。这太过分了。他生来就不是个乐天的人，史多克玛男爵也没能教会他开朗一点，悲观的种子一旦在他身上种下，便得地利人和，蓬勃生长起来。

> 万事万物，都要怀疑；
>
> 没有一样，合其心意；
>
> 天地不仁，处处戾气。

他觉得自己是个失败者，于是便消沉起来。

然而史多克玛曾教他"绝不松懈"，他不会松懈的。他要坚持下去，为着最高理想拼尽全力，矢志不渝。他卖力地工作，近乎疯狂。那盏绿色台灯亮得越来越早，要处理的信件越来越多，报纸翻得越来越勤，长长的备忘录拟得越来越细致、明晰而精确。他的那些娱乐也变成了一种义务。他根据时间表来安排娱乐活动，猎鹿时也谨慎自持，不可随心放纵，午饭时要说双关语，这是正事。这家机器运转起来效率惊人，竟还不休息，也不用涂油。数不清的精密齿轮，干巴巴地咬合在一起，严丝合缝，转个不停。不，不论出了什么事，阿尔伯特都不会放松，他完全接受了史多克玛的信条，并融入自己的血肉之中。他知道何为正确，他会不惜任何代价，努力去做那些事，这是一定的。可是，唉！在我们的一生中，有什么事是非做不可的呢？"凡事都不能过于狂热！"一位古希腊人这样说道。"做任何事情都要有度。常常有人热衷于追求卓越，尽管他努力想收获一些东西，实际上却为某种力量所左右，误入歧途，以致混淆了善恶是非。"的确如此，阿尔伯特和男爵本该从底阿格尼斯这句箴言中学到点道理的。

维多利亚注意到丈夫有时显得闷闷不乐而且疲惫不堪。她尽力让他开怀。她不安地意识到，对于这个国家来说，他依旧是个外人，她授予他康索尔特王子的头衔（1857），希望借此提高他在这个国家的地位。"我有权宣告夫君为一个英国人"，她写道。但不幸的是，虽然受封，阿尔伯特还像以前一样是个外来者，一年又一年过去，他的心情越来越低落。她与他一同工作，照顾他，她还同他在奥斯本的森林里漫步，他会和着夜莺的歌唱吹响口哨，多年以前他在罗塞努时就这样做过。每年在他生日的时候，她都花费很多心思为他挑选礼物，一定要是他真正喜欢的才行。1858 年，他三十九岁生日时，她送他"一幅比阿特里斯的油画，真人大小，霍思利所作，还有一整套哥达及周围乡村的风景照，这是我从贝德福德得来的，另外还有一块巴慕乐花岗岩和鹿齿做成的镇纸，是维基设计的"。阿尔伯特当然是很开心的，他在家庭聚会上，比以往都要高兴；但是……究竟问题在哪里呢？

无疑是他的身体出了问题。他在为国效力的同时，健康大为受损，而且他的体格，正如史多克玛从一开始就发现的，明显不适于过度劳累。他的胃常常不舒服，而且小病不断。从外貌上，也很容易看出他身体虚弱。二十年前他还是个英姿勃发的少年，眼睛炯炯有神，皮肤娇嫩，如今已然是一个面色蜡黄、满脸疲惫的中年人，身躯佝偻，肌肉松弛，俨然一副长期伏案的劳作者模样，头顶也全都秃了。一些刻薄的评论家曾将阿尔伯特比作歌剧团的男高音，现在怕是要说他像个男管家了吧。和维多利亚站在一起时，他更是个可怜的陪衬。她虽然也胖，但那是一个精力充沛的家庭主妇的丰腴，全身上下都显得很有活力，一举一动都十分有力，双眼突出而有神，目光灼灼而犀利，还有一双短小、肥胖，能做事、会指挥的手。如果可以借助某种交感的魔法，她会从自己超群的精力和自信分出一部分，输送给那肥胖、松弛的身躯，还有那枯竭、低落的大脑！

但是，她忽然意识到，在健康问题外他还有别的危险。1860年，在访问科堡的途中，阿尔伯特在一次马车事故中险些丧命。虽然幸免于难，身上还是留下几道伤痕，但维多利亚却惊慌极了，虽然被她掩饰了过去。她后来写道："我的内心越是激动，表面上就越是冷静，我不能亦不敢去说出那可能的后果，甚至自己设想（现在我还是不能也不敢如此）一下那全部的危险也不行，一想我就会头疼脑涨的。"她内心充满极度的不安，此外更强烈一些的感情便是她对上帝的感恩。她说她觉得"如果不做些事情，永久地记下她的感情"，她就难以平静，于是她决定在科堡捐助一个基金会。"一千英镑，乃至两千英镑，一次性捐出，或每年分期支付，这在我看来，并不算多。"最后，决定捐献出那笔小额的数目，以科堡市长与首席牧师的名义存入一个信托基金会，叫作"维多利亚基金"，这二人需将每年的利息奖励给下层出身的模范青年。

不久之后，女王生平第一次经历了丧亲之痛。1861年初，肯特公爵夫人身染重病，3月里便去世了。这给了维多利亚一次沉重的打击。她伤心得快要病了，日记本里写了满满好几页，记录了她母亲临终前发生的一点一滴，她的仙逝，她的遗体，字里行间感叹不断，激动的情感喷涌而出。现在她心中只剩下了悲伤，曾经的那点争吵、不和全都抛在了脑后。死亡，如此之近又如此真切，对死亡的恐惧已经牢牢抓住了女王纷飞的思绪。她原本天性活泼，如今一想到那股可怕的死亡之力耀武扬威的恐怖情景，整个人便陷入极度的痛苦之中。她的生母，那个曾与她朝夕相伴已久，几乎已融为她生命的一部分的那个人，就在她的眼前消失了。她试着遗忘，可是她做不到。她的悲痛在继续，出奇地剧烈又绵延不绝，这情形有些蹊跷，就好像她在无意中拥有某种神秘的预知能力，知道了那狰狞的冥王还特地为她准备了另一枚可怕的命运之镖。

确实，这一年还没过去，一次更加沉重的打击又降临在她身上。阿尔伯特长期以来便饱受失眠之苦，又在11月底冒着严寒和湿气前去视察桑德赫斯特新军官学院的施工情况。回来之后，出行的劳累与天气因素显然破坏了他的健康。他染上了风湿病，失眠症还在继续，他抱怨着，说自己难受极了。三天后，痛苦的任务又来了，他必须得去剑桥一趟。威尔士王子去年被送到那所学校，他这一年里举止出格，父母必须得去教训几句才行。这位失望的父亲，承受着身心的痛苦，结束了这次出行，可是在返回温莎途中，他又遭遇了一场致命的寒流。接下来的一个星期，他渐渐虚弱下去，样子越来越可怜。然而，就算他这样悲伤、这样虚弱，还是依然继续工作。不巧就在那个时候，一场严重的外交危机发生了。美国爆发了内战，英国与北方各州之间斗争激烈，大有要卷入这场冲突之势。约翰·拉瑟尔爵爷拟写了一封严厉的公文呈给女王过目，阿尔伯特觉得，倘若将原稿直接发出，必然会引起一场大战。在12月1日早晨七点，他从床上起来，笔尖发抖地写下一系列修改意见，这样一来，语气稍显温和，便能留下一条和平解决争端的道路。内阁接受了这些修改意见，避免了一场战争。这是阿尔伯特写下的最后一份备忘录。

他常说自己能以平常心来面对死亡。他有一次对维多利亚说："我并不留恋生命，你会不舍，但我觉得这没什么。如果我得了重病，我一定会立刻放手的，不会再为求生苦苦挣扎。我不会执意要活下去。"他对自己很了解。生病后没过多久，他告诉一位朋友说他知道自己不会再好了。他病得越来越重。然而，如果从一开始他的病症就能确诊，并得到有效救治，是完全可能治愈的。可是医生没能诊断出他的病症。他的主治医师是詹姆斯·克拉克爵爷，这一点值得关注。当时有其他人提出了自己的治疗方案，詹姆斯爵士对此不屑一顾，说道："没什么好大惊小怪的。"然而这场怪病日渐加重了。最后，帕默斯顿写了一封严词进谏书，这才请来了华生博士，华生博士立即就看出阿尔伯特正处于伤寒的魔掌中，而他已经来迟了一步。詹姆斯·克拉克爵爷却说："我认为，到目前为止，一切都很不错。"

最初的不安和痛苦已经变为了一种麻木以及愈加深重的忧郁。有一次，消沉的病人想听一听音乐——"一曲远远的曼妙合唱"，于是他们在隔壁放了一架钢琴，爱丽丝公主用它演奏了路德的赞美歌，而后，阿尔伯特又诵读了《万世之磐石》。有时，他有些魂不守舍，有时，那些遥远的往事在他眼前一晃而过，他又听到清晨鸟儿的歌唱，好像又回到罗塞务，变回了那个孩子。有时维多利亚为他读《顶峰的培沃里尔》，他一副听得出神的样子，之后女王向他俯下身子，他会一边低语："可爱的小女人"，"善良的小妻子"，一边抚摸着她的面颊。她难过、不安极了，但她并不是很害怕。她精力旺盛，精神抖擞，她就不相信阿尔伯特支撑不下去。她不愿面对这样一个可怕的可能。她也不愿去见华生博士。为什么要见呢？詹姆斯·克拉克爵爷不是向她保证一切都会好吗？在去世前两天，她身边的人都知道，阿尔伯特的病情几乎已经无回天之力了，她却还满怀信心地给比利时国王写信道："我晚上没去陪他，因为那里用不到我，不会有什么意外发生。"爱丽丝公主试着告诉她实情，但女王还是不放弃希望。如女王所愿，12月14日上午，阿尔伯特看起来好了一点，死亡的威胁似乎解除了。但在接下来的一天里，病情再次加重。然后她才终于明白，阿尔伯特的生命已到尽头，前方就是万丈深渊。所有家人都来了，孩子们一个接一个地向他们的父亲默默道别。维多利亚在日记中写道："这是个可怕的时刻，但是，感谢上帝！我还能控制住自己，一直冷静地坐在他身边。"他低语着，可她听不清他说了些什么，她以为他说的是法语。而后他突然开始整理起他的头发，"就像他穿衣时常做的那样"。"我就是小女人"，她对他悄声耳语道，他似乎是懂了。过了一会儿，天色将晚，她去了另一间屋子，不过马上就被叫了回来，只是望了那么一眼，她就明白最坏的事情已经发生了。她在床边跪下，阿尔伯特已经气若游丝，最终完全停止了呼吸。他的五官完全僵硬了。她尖叫起来，那一声凄厉的长叫，震彻了这座惊惶瑟缩的城堡。她明白，她永远地失去他了。

Charpter VII

第七章　孀居生活

第一节

　　阿尔伯特亲王的离世成为维多利亚女王一生之中的重要转折点。丈夫走后，她颇感自己真正的人生也已随之终止，而尘世余生仅留下桑榆晚景，犹如一场落幕戏剧的尾声。女王漫长生涯的后半段显得晦暗不明。她一生中的前四十二年里，留下了诸多真实材料，传记家得以还原出她的这段光辉岁月。而自阿尔伯特逝世的那一刻起，她便隐于面纱之下，此后的人生扑朔迷离。只是在一些偶然的瞬间、短暂的时刻，这层面纱才会轻轻抬起，这时可依稀辨出她的些许轮廓和标志性的特征，而其余部分仍旧是一片朦胧，只能去推测、猜想。因此，虽然女王承受丧夫之痛的岁月与此前度过的时光一样漫长，而对这段岁月的记载却远比之前的故事苍白、贫乏。由此，我们也只得原谅自己的无知，对这一段故事做一个简短而概要的叙述了。

　　阿尔伯特的突然薨逝不仅是维多利亚女王生活中的一

场巨大风波，也是全国乃至整个欧洲范围内的一件大事。四十二岁时，他便英年早逝，距离生老病死的自然轮回至少还有三十个春秋可待。假使他能够寿终正寝，那么英国政坛的历史则必将重写。阿尔伯特在世时，他在国民心中的地位已经无可替代，同时他也是政要高层中不可或缺的一员，对于国家运转发挥举足轻重的作用。克拉伦登爵爷视阿尔伯特之死为"一场超乎想象的深重国难"，为这样一位"睿达远虑之才"的凤殒而扼腕长叹，他甚至断言，倘若阿尔伯特在世，这份才能的价值便会在美洲战争中得到空前的展示。随着时间的流逝，阿尔伯特的影响力与日俱增。除了才情与美德的影响，他还仰仗着地位之便，享有这个国家中任何高官都无法奢望的至高权力：一个永久性的位置。政坛之中人事更替，一个个过客被迎来送往，唯有阿尔伯特于纷繁事务的中心屹立不倒。直到世纪末，又有谁会怀疑这样一位为国家鞠躬尽瘁、德才兼备而又前所未有、终身从政的人，一定会名垂青史呢？既然他在年纪轻轻之时就能使国君与帕默斯顿这等虎狼之辈一较高下，而且竟还能与他分庭抗礼，那么待其年老之日，还有什么事是他所不能的呢？即使是在那些精明强干又深得人心的大臣之中，又有哪一个能和这位集智慧、完美、长期权柄于一身的尊贵阿尔伯特相媲美呢？不难想象，在他的管理之下，英国有望变为一个普鲁士式的国家，组织严密、训练有素、装备精良，同时实行专制统治。那么或许最终，在某位强有力的领袖人物，像格莱斯顿或者布莱特的领导下，国内民主力量会团结起来与之斗争，这样一来君主政体的基石就会受到撼动。或者情况恰恰相反，那么迪斯雷利猜想的预言就要成真了，他曾说："阿尔伯特亲王下葬之时，也是我们的君主入土之日。这位日耳曼王子凭着我们历代君主所不具备的智慧和力量，在英国统治了二十一年之久。倘若他比我们的那些'行家老手'更加长寿，恐怕我们今天还能享受他专制政府的庇佑。"

英国的政体实在是难以描述，它仿佛是一个有生命力的活体，跟随人的成长一同长大，而且与微妙复杂的人性一样变幻无常。它是智慧与命运结合的产物。1688 年，当时的智者将英国政体打造成我们所熟知的样子，然而巧的是乔治一世不通英语，于是它就有了一个最基本的模样，内阁不需受制于王室，而是为首相所管辖。格雷勋爵智谋过人，将国家引向了民主之路，才免去体制僵化与崩溃的危险。而后，又是一次命运的捉弄，一位女君主嫁给了一个坚韧有为的男人，于是多年来不理政事的这部分行政权力不再甘于寂寂，似乎就要成为主宰，彻底改变整个政体的走向。然而，成也天命，败也天命，正当阿尔伯特春风得意之时，却猝然离世；对于英国政体而言，这不过是一截麻木的肢体，国家可以不动声色地将之舍弃，甚至也不曾停下前行的脚步，似乎已然忘却了阿尔伯特曾经存在。

芸芸众生之中有一个人，而且只有他，感受到了这场事故的深远影响。那位身在科堡的史多克玛男爵，正安坐在炉边，突然之间，他就仿佛眼睁睁看着自己一手设计的摩天大厦分崩离析，彻底地损毁殆尽。阿尔伯特走后，他的努力也付之流水。即使是在最悲观多疑的时刻，他也从未预料到这样一场巨大的灾难。维多利亚给他写信，又前来探望，动情而笃定地宣称，自己要继承丈夫未竟的事业，希望以此减轻他的痛苦。男爵听了只是苦笑，依旧注视着一旁的炉火。一会儿又喃喃低语道，他也要随阿尔伯特而去了，还说自己已经时日不多。他变得沉默寡言。孩子们一个个地围着他，想方设法逗他开怀，然而都没有用：男爵已经伤心欲绝、肝肠寸断。他在人世间又逗留了十八个月之后，便与他的学生汇合，踏入一片未知的烟瘴冥世之中。

第二节

可怕的意外带走了幸福四溢、阳光明丽的日子，维多利亚自此迈入无尽悲伤的永夜。消息传出时，大家都惊惧不已，陪伴女王的人担心她会彻底崩溃，好在她内心强大，镇定如常，虽然也偶有情绪发作、悲伤到不能自己的时刻，但一阵过后，在众人面前时，她便又是一副沉着冷静的模样。她还记得，阿尔伯特生前一向不赞成感情过度流露，如今维多利亚一切都会照阿尔伯特的话去做。不过，女王有时也会情绪失控。一天，女王召见了苏瑟兰德公爵夫人，带她至阿尔伯特的房间，俯卧在阿尔伯特的衣物前泪流不止，当时她还向公爵夫人求证，阿尔伯特性格完美，无人能及。她时而又有些愤怒，她在给比利时国王的书信中写道："我生而命苦，尚在襁褓之时便失去了父亲，四十二岁便又守寡，如今真是心痛欲碎！幸福时光彻底结束了！我也生无可恋！……啊！正值壮年，横遭变故，眼睁睁看着我们纯洁、幸福、安定的家庭生活（这是唯一支撑我待在这个无比可憎的位子的理由）在四十二岁这年猝然而止，当时我还不假思索地以为上帝绝不会拆散我们，保佑我们白头到老（虽然他总是说人生是短暂的），这真是太糟糕、太残忍了！"女王陛下的愤慨之情溢于言表，她是不是也曾在内心深处对神明胆敢如此破坏她的幸福而心怀不满呢？

然而一旦维多利亚决意尽余生之力来继续践行她对阿尔伯特的敬仰、遵从与崇拜，就绝无动摇，也不再受那些多余情绪的影响。她对舅父说："我急于继续做一件事情，我已下定决心，不会更改，那就是要完成他的遗愿、他的计划，一件不落，他的一切看法就是我的金科玉律！没有人能阻止我去执行他的决定和心愿。"每次想到任何一件可能让她不顺心的事，她就变得凶恶而暴怒。她的舅父要来看望她时，她马上就想到，他可能会设法阻止她，像从前那样"当家做主"。她会给他一个暗示。她写道："我下定决心不让任何人（哪怕是我的臣仆当中，那些从来都十分优秀、忠诚可嘉的人）来领导、指引或者命令我。我知道他会多么不赞成这样的事……虽然我已经极度虚弱、筋疲力尽，一想到有人可能会干涉或忤逆他的愿望和计划，或是逼我去做任何事情，我就会立刻斗志昂扬起来。"在一片哀伤与爱意中，她写完了这封信。她说自己是他的"永远可怜而忠心的孩子，维多利亚女王"。然后她看了一眼日期：12月24日。一阵剧痛向她袭来，她又奋笔写下最后一句："多糟的圣诞节！我简直不能去想了。"

　　起初，她悲伤得失魂落魄，称自己不能再召见大臣，于是爱丽丝公主便在司库官查尔斯·菲普斯爵爷的辅佐下尽力扮演着一个中间人的角色。然而，几周后，内阁派约翰·拉瑟尔勋爵出面，斗胆向女王进谏说不能再这样下去了。她意识到是该如此：阿尔伯特一定也这么认为；于是她便召见首相。但当帕默斯顿勋爵抵达奥斯本后，他一脸的健康快活，还蓄着新染的发须，身穿棕色大衣、浅灰色裤子，戴着绿手套、蓝色领扣，并没有给人留下什么好印象。

　　尽管如此，她却越来越离不开这位老对头了，再一想到政局的人事变动，她就深感忧虑。她明白政府随时可能倒台；她不知道该如何面对这样一个结局；因此，阿尔伯特去世半年之后，她做出一个史无前例的举动，给反对党的领导人德比勋爵送去一封私人信件，告诉他自己现在正身体欠佳，神经脆弱，她的焦虑已经无以复加，怕是难以再经受内阁改组之事，他若是把现任大臣赶下台，这会要了她的命，或是让她崩溃。德比勋爵读到这封信时大为惊讶，"呵！"他讽刺道，"真没想到，她对那群人可真是情深义重。"

　　尽管她渐渐不再这般惶恐不安，心情却也从未好转过。她一直沉浸在忧郁之中，日复一日，年复一年。她几乎完全与世隔绝。从温莎到奥斯本，又从奥斯本到巴慕乐，她一直穿着厚厚的黑纱，神情惨然。她极少去国都，更不出席任何国家庆典，与社会没有丝毫接触，在臣民眼中，她变得与东方君主一样陌生而遥远。臣民们或许正议论纷纷，但他们无法理解。对于她而言，那些空洞的表演、虚妄的欢乐又有何用处？毫无价值！她正致力于那些不同凡响的事情。她是一位忠诚卫士，捍卫着神圣的信仰。她的职责，是留在灵堂最深处的神龛之中，那里只有她有权进入，在那里她感受着一种神秘之物的流淌，尽管它十分微弱，那鲜活的灵魂还是让她倍受激励和鼓舞。这里，唯有这里才是她光荣却又可怕的使命所在。情况的确很糟糕。寒来暑往，她的忧愁愈加浓厚，孤独日渐加深。"我正处于那清冷庄严之顶，郁结到了极点。"她说道。她一次又一次地感到自己再也无法忍受，她快要在重压之下沉溺了。然后，那个声音便立刻响起，她再次抖擞起精神，一丝不苟地继续她那可怕又神圣的事业。

此外最重要的是，她必须将阿尔伯特身上的生活动力化为己有，她必须工作，像他一样，为整个国家效力。他曾经扛起的那份重担如今移到了她的肩上。她承担了如此一份重负，自然步履蹒跚起来。他在世时，她确实能够有条不紊、细致认真地做事；可这却是因为有他的关照、远见、建议以及周全的思虑，她才得以轻松而愉悦地完成这些事情。阿尔伯特简单一句让她签署公文的话，就能让她兴奋起来；这样的状态足以让她不知疲倦地永远工作下去。但是现在的情况令人忧虑。如今，绿色的台灯下，已没有了堆叠齐整的文件和摘要说明，也没有了对棘手难题的扼要解说，更不会有人告诉她，什么是对，什么是错。毫无疑问，她有自己的大臣：

查尔斯·菲普斯爵爷，格雷将军和托马斯·毕德福爵爷，而且他们也都竭尽全力。但他们只是下属：事务的发起、重大的责任只能由她来承受。因为非此不可。"我已下定决心（她不就是这么昭告天下的吗？），不让任何人来领导、指引或者是命令我。"如果有人这么做，那就是在背叛她。她要在一切事务上遵从阿尔伯特的意志。他曾经拒绝交出权力；他曾事必躬亲；他曾立下规矩，签署文件之前必先细读、勾画，否则绝不签字。她也要如此行事。她在成堆的文件匣中从早忙到晚，一直坐在书桌前读读写写——就在她的书桌前，唉！如今它却孤零零地立在房间里。

阿尔伯特去世后不到两年，国外政局便动荡不已，这给维多利亚的忠诚带来一次严峻的考验。那场可怕的石勒苏益格荷尔斯泰因争端，郁积了十多年之后，终于展露出战火将燃之势。导致争议的问题都太过复杂，根本理不清楚。帕默斯顿说："只有三个人，曾真正清楚石勒苏益格荷尔斯泰因问题，一个是阿尔伯特，他已经不在；还有一位日耳曼教授，他已经精神失常；最后还有我，可这些事情我已经忘得差不多了。"但是，即使阿尔伯特去世了，难道他身后没有留下一位代理人吗？维多利亚摩拳擦掌，全身心投入到这场混乱的纷争之中。她每天都花数个小时研究此事的曲折内幕。她找到一条走出迷宫的线索：她清楚地记着，以前每当讨论起这个问题，阿尔伯特总是站在普鲁士一边。这样她的思路就明晰了。她变成了普鲁士利益的热情捍卫者。她说，这都是阿尔伯特的意思。她没能意识到，在阿尔伯特走后，普鲁士已今非昔比，一个俾斯麦统治下的新的普鲁士已经诞生。帕默斯顿有着不寻常的先见之明，他也许凭借直觉看出了这一新的危机；不管是什么原因，他和约翰勋爵都坚决支持丹麦对普鲁士的反抗行动。不仅国民对此意见不一，内阁之中也出现分歧。这场争论喧嚣了十八个月之久，女王始终斗志昂扬，顽强地与首相和外交大臣抗衡着。最后的危机终于来临，英国很可能要与丹麦联手对普作战，维多利亚的焦虑程度与日俱增，其状态已经近乎热病的症状了。在她的日耳曼亲属面前，她始终保持着谨慎无私的样子；但在大臣面前，她大肆诉说着自己的要求、抗议和劝言。她希望建立起维护和平的神圣事业，"维护欧洲和平的唯一可能，不在于协助丹麦作战，它完全是自作自受。我已经痛苦不堪，精神正走向崩溃的边缘……然而即使这种焦虑要将我摧垮，我也绝不会动摇一分，任何企图将国家陷入疯狂无益战争泥潭的行为，我都会反对到底。"她公开表示自己"立场坚定，时刻严阵以待"，即使有外交大臣辞职也在所不惜。她对格兰维尔勋爵说："我快让焦虑不安的情绪完全摧垮了，真是怀念以前我那亲爱夫君的帮助、建议、支持和爱护。"她为实现和平奔波着，劳累到"抬头、握笔的力气都没有"。英国最终没有参战，丹麦只能听天由命了。不过女王的态度对这一结果究竟起了多大作用，以我们现在掌握的情况来看，还很难说。但是大体而言，更可能是内阁之中强大的主和派起了决定作用，而非维多利亚软硬兼备的施压。

不论真实情况如何，这一点倒是可以确定：女王对这份神圣的和平事业，并未热衷多久，不出数月，她的想法就完全改变了。她看清了普鲁士的真实面目——普鲁士对奥地利的不轨阴谋在"七周战争"中几乎昭然若揭。女王突然就从一个极端转至另一极端，如今她又迫切地想让大臣介入战争，派遣军队助战奥地利，但完全是白费力气。

维多利亚的政治活动和她与世隔绝的生活一样，并未受到多少公众的赞许。多年以后，王室的守丧哀悼并未减少，依旧如故，于是公众的非难和指责越来越多，也愈加不留情面。有人评论说，女王旷日持久的隐居不但给上流社会蒙上一层阴影，也不只让大众无缘目睹那些盛事景观，还严重影响了女装、女帽和女鞋的生意。最后一个看法尤其重要。最终，在1864年初，有传言说女王陛下就要结束丧期，报纸上也在欢庆此事；然而很不幸的是，流言终归是流言，毫无真凭实据。维多利亚给《泰晤士报》写了封亲笔信，否认了这个传闻。她向公众表示："这个想法也不能说完全与事实不符。臣民想要见我，我十分感激，定当尽己所能，报答大家的忠心和情谊……然而我除单为一国代表之外，还有其他更重要的职责，我只能以一人之力来完成，一旦稍有疏忽，公众事业就会面临问题，实在责任重大，我毫无喘息的余地，唯有夜以继日，忧心劳碌。"要不是人们知道了女王一再指出的"其他更重要的职责"主要便是反对帕默斯顿勋爵和约翰·拉塞尔勋爵的外交政策的话，民众可能就相信了她的这番说辞。在谢列斯威格霍尔斯坦争端中，主流民众是丹麦的狂热支持者。于是维多利亚拥护普鲁士的行为就遭到大众抨击。一时间民怨四起，不满的声浪不断高涨，岁数大的明眼人不禁要想起二十多年前女王大婚前的那段时期。如今报刊文章出言不逊，爱伦伯勒勋爵在上议院之上攻讦女王，上流社会窃窃私语，竟然说女王已有退位之心。不久之后眼看女王那里毫无动静，这些人又觉得遗憾不已。维多利亚发现自己被人误解，十分愤慨，也很受伤，她快快不乐起来。在爱伦伯勒勋爵演讲之后，格雷将军称自己"从未见过女王这样忧心过"。她亲自给格兰维尔勋爵写信道："啊，多可怕啊，为人怀疑、无人鼓励，也无人指引无人进谏，我多么不幸多么孤独！"虽然如此，尽管她备受折磨，却依旧坚定如故，崇高的使命为她所指引的道路，她不会有丝毫的偏离，她将信心百倍地走到最后。

因此，当石勒苏益格荷尔斯泰因争端已经为人所遗忘，甚至阿尔伯特的样子也在人们变幻不定的记忆中淡去，这位孤独的守灵人依旧专注于她那特殊的使命。维多利亚身着一袭结实的黑纱，毫不畏惧地回敬来自外界的越来越多的敌意目光。世人永远也不会理解她吗？她之所以做出不同寻常的隐居之举，不只是由于丧夫之痛，还出于一片忠心，这是一种自我牺牲，这一份辛苦是爱情的遗留之物。笔尖在镶着黑边的纸张上划个不停。就算她身单力薄，也一定要扛起这副重担。幸运的是，就算世人无法理解，总还有一些忠实的朋友可以懂她。格兰维尔勋爵就是一位，善良的西奥多·马丁先生也在其中。马丁先生很有智慧，说不定他有办法让人们了解真相。她要寄一封信给他，把自己工作的辛苦和经受的困难讲给他听，然后他就会在某个杂志上登出一篇文章。1863 年的一天，女王告诉马丁："我并非是由于痛苦才长期隐居，而是在为繁重的工作劳碌，同时也是出于健康的考虑，忧郁的情绪已经让我的身体大为受损，此外还有无尽的工作和责任待我完成，实在是疲惫不堪。爱丽丝·海尔普斯在看到我的房间时惊讶不已，如果马丁夫人能看到这一幕，她就会告诉马丁先生我在操劳些什么。我从起床的那一刻起，到又躺下歇息，其间所做的只有工作、工作、工作，不断处理信匣子和各类问题，真是筋疲力尽，若是夜晚都没有一点休息和平静的话，我恐怕真要性命不保了。我一直都用脑过度。"这番话所言不虚。

第三节

　　继续阿尔伯特的工作是女王的首要职责，还有一个事情仅次于它，女王更乐意让她的臣民们都能真正了解、赏识阿尔伯特的才具、性格。她意识到阿尔伯特在世时并未得到真正的赞赏，他无所不能，品行至善，但一直以来都不得不韬光养晦，如今死神已经拆除了这些藩篱，应该让人们好好领略一下她丈夫的光辉形象了。她有条不紊地着手这项工作。她令亚瑟·海尔普斯爵爷编出一本阿尔伯特的演讲集，这本大部头的书于1862年面世。接着她命令格雷将军撰文记叙阿尔伯特的早年生活，从他出生之时起一直讲述到大婚之日止。她还亲自拟定这部书的框架，提供了大量机密文件，并且加上许多脚注，格雷将军对女王的嘱咐一一遵从，这部书于1866年完稿。然而阿尔伯特一生中的核心部分还未触及，于是马丁先生立即受命撰写一本阿尔伯特亲王的完整传记。马丁埋头苦干了十四年。他要整理的材料数量惊人，好在他极其勤恳，而且女王陛下始终都在慷慨协助，他也乐在其中。第一部长卷出版于1874年，其他四部也以缓慢的速度相继面世，直到1880年，这部皇皇巨著终于完成。

马丁先生受到嘉奖，得到了爵爷封号，但结果还是不能令人满意，西奥多和他的几位前任都没能达到女王期待的目标，也许是她用人不善，但事实上失败的原因一定还是出在维多利亚身上。西奥多等人已经尽心尽力地完成了女王委派的任务，尽责地将她心目中那个阿尔伯特形象展示给公众。关键问题在于公众并不喜欢这形象。归根结底，维多利亚是热情有余而细腻不足，丝毫没有敏锐、幽默之类的优点，她只乐意看到那些绝对又明确的东西。对她不喜欢的事情，她一刻都不会加以考虑。她的爱憎之情同样分明。在有关阿尔伯特的事情上，她追求尽善尽美的热情达到了极致。可若有人认为阿尔伯特不够完美，在品德、智慧、样貌或是男人的荣誉和气度上有所欠缺，女王都斥之为一种过分的亵渎：他完美无缺，也要把这形象继续塑造下去。于是，亚瑟爵爷和西奥多爵爷，还有将军都照此要求记叙了阿尔伯特。在这样的监督下，几位先生若是想有所成就，恐怕力不能及。故事还没讲完，维多利亚出人意料地找来另一位作家，这次，助手的才干完全绰绰有余。这位桂冠诗人可能是为哄女王开心，抑或是真心实意，一副和女王同声共气的样子，加入了这场颂歌，还用美妙的诗歌韵律谱写皇家的陈词滥调。这样一来，工作就完成了，自此人们再也不会忘记阿尔伯特曾佩戴那样一枝无暇人生的洁白花朵了。

　　结果，情况却变得更加不妙了。维多利亚失望又懊恼，她付出了大量努力，人们却依旧不认可她的丈夫，她怨恨不已。她不知道，大多数人并不喜欢什么完美化身，倒不是因为有多嫉妒他，而是觉得这种人未免不近人情了。于是，当女王将这样一位人物，像是德育故事里的道德模范，不血肉丰满，没有人气，展示出来，以为能听到赞美的声音，人们却只是耸了耸肩，微微一笑，再随意哼上一声，就转身离去了。其实，阿尔伯特既不是民众看到的那副样子，也和维多利亚的记忆不同，他是一个非常有趣的人，这一点谁都没有想到。颇具反讽意味的是，女王一片深情，想让人们记得这尊无瑕的蜡像，然而这塑像的本尊，那个真实人物，那样精力旺盛，内心充满压力和痛苦，那样神秘又郁郁寡欢，又那么容易出错，那么有人气，却消失得无影无踪。

第四节

　　话语和书籍这样的纪念物可能无法给人以确切的印象，但若是亲眼所见的青铜和石块，还会给人造成误解吗？在温莎附近的弗洛格摩尔，长眠着女王的母亲，维多利亚耗资二十万英镑，为自己和丈夫建造了一座宏伟而繁复的陵墓。但那只是女王自家的纪念物，她还想让自己的臣民在一切集会上都感念王子殿下。她后来如愿以偿，在整个英国——在阿伯丁、珀斯以及沃夫汉普顿——都树立起阿尔伯特的雕塑，隐居中的女王还破了例，亲自出席这些揭幕典礼。首都自然也没有落下，阿尔伯特去世一个月之后，市府大厦召开了一场会议，商讨纪念阿尔伯特的相关事宜。然而，人们有了分歧，是建雕塑还是纪念馆？与此同时设立了基金会，还组建了一个颇具影响力的委员会。在有分歧的项目上，他们征求了女王的意见，陛下回复说，与其建纪念馆，还不如造一座花岗岩尖碑，底部再配上雕饰。委员会有些为难：一座好的尖碑，需要一整块巨石来做材料，可是放眼整个英国的采石场，他们上哪去找这么大的花岗岩呢？虽说在俄属芬兰能找到，但委员会又听说这花岗岩不宜露天放置。综合考虑，他们还是提议建一座纪念馆，里面再树一尊阿尔伯特雕像。女王陛下同意了，然而又出现了新的难题。募捐款项不足六万英镑，不够支付这两项的费用。因此，纪念馆不再建了，只树一尊雕像，而后请来几位杰出的建筑师进行设计。后来公众又捐了一万英镑，同时国会又拨款五万，最终委员会获得了十二万英镑的基金。几年之后，又成立了一家股份公司，以私人资本的形式建造了阿尔伯特纪念馆。

委员会与女王一致选中的雕塑设计出自建筑师基尔伯特·斯科特先生之手，他工作起来勤奋、认真，而且虔诚，成了这个行业的佼佼者。他一生都痴迷于哥特风格，很与众不同，于是在同行中脱颖而出。他的作品，不论是混在大量的原创建筑中，还是与英国的众多教堂相比，都十分耀眼夺目。确实也有人不时反对他的创新之举，斯科特先生在文章和小册子里予以回击，言辞激动而有力，这让教长们无不心服口服，他于是便可以畅通无阻地继续工作了。不过还是有一次，哥特的爱好为他招来了麻烦。白厅的政府办公室需要重建，斯科特先生的设计在竞争中获胜。当然，这次依然是哥特式设计，将"某种方形和平正的轮廓"与柱状竖框、三角墙、尖角屋顶和天窗相结合，斯科特先生认为这份图纸"也许是所有投稿作品中最好的一份，不然至少也是名列前茅的"。工程初期，总免不了经历些麻烦，拖延一段时间，等到终于可以动工时，却遇到内阁改组，帕默斯顿勋爵成为新任首相。他立即召见斯科特先生，得意扬扬地说道："斯科特先生，我可不想要这种哥特式的建筑。请阁下务必提交一份意大利风格的设计，我相信阁下可以做得非常漂亮。"斯科特先生惊愕不已，意大利文艺复兴时期的样式不仅不雅观，简直伤风败俗，于是他毅然回绝了。帕默斯顿又以一副居高临下的口吻说道："不错，的确不能指望一位哥特设计师来建造古典建筑，看来我只好另请高明了。"是可忍，孰不可忍，斯科特回到家中，给首相写了一封措辞强硬的书信，细细介绍了自己的建筑师资历，赢过两次全欧竞标，是英国皇家艺术学院的准会员，得过一枚学院金质奖牌，在皇家学院担任建筑学讲师，不过说这些没有用，帕默斯顿勋爵根本不曾回复。后来斯科特先生又想到一个巧妙的中庸之法，或许可以保留哥特内核，但在表面上要给人以古典印象。新作完成后，帕默斯顿勋爵还是不肯买账，勋爵说：它"不伦不类，一个标准的大杂烩，这也不是他想要的。"这事之后，斯科特先生觉得必须得去斯卡伯勒休养两个月，再"服用一个疗程的奎宁"。最后他终于恢复过来，只是他需要让步了。为了他的家庭，只能服从首相，尽管极为不情愿，他还是建了一座标准的文艺复兴式的政府大厦。

不久之后，斯科特按照自己的喜好建造了圣潘克拉斯大酒店，这让他找到了些许安慰。

如今他又有了一件更加满意的工作。"我想在阿尔伯特纪念馆内，设计一种特色穹顶庇护王子的雕像，会仿照古代圣殿的一些特征，圣殿的样子其实是人们想象出来的，从未真正建起过，我想用那些珍贵的材料，复原出它的镶嵌设计、珐琅涂层等，将这些想象中的建筑真正建造出来。"他的想法非常不错，因为阿尔伯特本人恰好也有过类似的念头，只是在大小上差了很多，他也仿照那些模型设计、制作了几个银质调味瓶架。依从女王的要求，纪念堂要离万国博览会越近越好，于是建筑地址便选在肯辛顿公园。1864年5月，这项工程终于破土动工。建设过程十分漫长，而且工程复杂，困难重重，雇用了一大批工人，几位雕刻副手和金工归斯科特先生指挥，工程每一个阶段的图纸和模型都要呈给女王陛下过目，女王看得极为细致，所有细节都要品评一番，总会提出一些修改意见。横饰雕带环绕整个建筑的底部，它本身就是一项十分重要的工程。斯科特先生说道："整个雕带的制作难度可以说是历史之最，它包括一系列设计繁复的人物雕像，都是真人大小，长达二百多英尺，一共约有一百七十尊，必须要用最硬的大理石来雕刻。"人们辛辛苦苦建设了三年，离竣工依然遥遥无期，斯科特先生觉得，是时候该拿好酒好菜犒劳一下工人们了，"为实实在在感谢大家为工程出力献艺"。听说"当时在工作间里，用脚手架的木板拼了两张长桌，没有桌布，便铺上报纸，八十多个人围坐下来，端上大盘的牛羊肉、葡萄干布丁和乳酪，只要想喝酒，每人都有三品脱可以畅饮，不喝酒的人也可以享用姜汁露和柠檬水……人们一次次举杯，许多都说了祝酒词，他们几乎都这样开始：'感谢上帝，保佑我们身体健康'，有的说他们中很多人已经戒了酒，还有的说没听过有人抱怨，大家都说能做这么一件伟大工程，是多么开心、多么骄傲"。

建设工程逐渐接近尾声。雕带上第一百七十尊实物大小的雕像已经开凿，花岗岩柱也已立好，有象征意味的三角墙上已镶嵌了图案，四尊代表基督教无上美德的巨大雕像和另外四尊代表无上道德的巨像，都已经在各自的位置升起，还有八尊铜像，分别代表八门重要的科学——天文、化学、地质、几何、修辞、医学、哲学和生理学，它们被放置在辉煌的塔尖，直入云端。象征生理学的那尊雕塑尤其为人所赞赏。官方这样描述："她用左臂抱着一个新生婴儿，象征着生理现象中最高、最完美的发展阶段，她的手指向一架显微镜，而显微镜是帮助人们观察动植物有机体微观形式的仪器。"在工程的最后，镀金十字架竖了起来，安置在那一个个紧挨的天使之上，这是一群如星河般璀璨夺目的天使，还有白色大理石制成的四块大陆，矗立在建筑底部的四角，于是，在动工七年之后，于1872年7月，纪念堂终于打开大门，迎接八方来客。

又过了四年之久，正中心的那尊雕像才最终落座，安放在璀璨的穹顶之下。这尊雕像由福利先生一手设计，只是一处细节上，他必须要听从斯科特先生的意见。斯科特先生说：

"我已经选好了这样的坐姿，最能表现王者之风。"福利先生极好地贯彻了上级的这一理念。"至于雕像的仪态和表情，则需要带有一些个人特征，要表现其身份、性格以及启悟的智慧，还要传递出一种对事物的敏锐和好奇之感，展现出主动追求周围雕像、群像和浮雕所代表的文明的兴趣，而非消极、被动的关系……为使王子的雕像能表现出他那最令人难忘的社会事业，1851年的万国博览会，特意在他的右手中安放了一份第一届博览会上的各国展品目录。"雕像由青铜镀金而成，约有十吨重。人们说得不错，只要在底座刻上"阿尔伯特"几个字，其身份便可一望而知了。

Charpter VIII

第八章　格莱斯顿先生与比肯斯菲尔德勋爵

第一节

　　帕默斯顿勋爵大笑起来，发出"哈！哈！哈！"的声音，古怪又刺耳，这声音自皮特与维也纳会议以来便不断响起，在皮卡迪利大街上是再也听不到这样的声音了。约翰·拉塞尔勋爵渐渐年老昏聩，德比勋爵也步履蹒跚地退出政治舞台。新的一幕已经上演，新的主人公，格莱斯顿和迪斯雷利先生，扭打着走到聚光灯下。维多利亚一直带着对政治不变的热情和兴趣，站在女王的位置上，注视着这些新动向。她的偏好往往出人意料。格莱斯顿先生是她敬重的皮尔的学生，也颇得阿尔伯特的赏识；迪斯雷利先生为人十分恶毒，是他逼得罗伯特爵爷最终倒台，阿尔伯特也称他"周身无半点君子的风范"。可女王不信任，也不喜欢格莱斯顿先生，反感的情绪愈加厉害起来，然而她却对格莱斯顿的对头却信赖有加，奉为上宾，这种钦慕之情是梅尔本勋爵都未曾见过的。

　　她之所以突然间喜欢起这位保守党大臣，是因为当时她发现，公众之中只有他真正懂得自己在丈夫离去之后的心情。至于其他人，她或许是觉得"那些人不过看我可怜罢了，并不懂得我的悲苦"，不过迪斯雷利先生是懂的，他所有的哀悼之语都是一篇篇为逝者谱写的虔诚颂词。女王宣称他才是"阿尔伯特唯一的知音"。她开始对他施以特殊的恩典，在威尔士王子的婚礼上，维多利亚将圣乔治大教堂里最令人梦寐以求的两个位子赐给了他和他的夫人，甚至还邀请他在温莎留宿一宿。当下议院就阿尔伯特纪念馆建设拨款一事进行讨论时，反对党领导人迪斯雷利当场高谈雄辩，拥护了这一提案。为表感谢，女王送他一本阿尔伯特的演讲集，封面是白色摩洛哥皮，还有女王的亲笔题词。他写信向女王表示感谢，信中他"斗胆妄议圣明"，以一种与读信人完全感同身受的口吻，对阿尔伯特完美无瑕的品质大书特书。他写道："阿尔伯特亲王之修为超凡入圣，为在下生平所未见，能相类者亦未曾有之，可谓集君子之风、文质相宜之性、豪侠之气与雅典学院派之满腹经纶于一身，吾国史上唯一或可与之比肩者便唯有菲利普·西德尼爵爷，二人俱为高风亮节、文武双全、刚柔并济、多情浪漫而又沉静典雅之人。"至于他本人与阿尔伯特之间的交情，他说道，这"乃在下生平最得意之事，秋风春月，其味无穷，日后念及亦有慰勉之效"。维多利亚为这些"精深的笔触"深深感染，自此奠定了迪斯雷利在女王心目中的地位。1866 年，保守党上台，迪斯雷利出任财政大臣，又是议院领袖，与女王的关系自然又进了一步，两年后，德比勋爵请辞，新首相迪斯雷利走马上任，维多利亚满怀喜悦，倒屣相迎。

然而，他不过执政了九个月，其间政局不稳。内阁在下议院中只占少数席位，在大选中落败，便被赶下台。不过在他短暂首相生涯接近尾声时，他与女王之间的纽带已经达到前所未有的牢固，他们二人之间，女王不再只是一位心怀感激的女主人，迪斯雷利也不只是一个忠诚的仆人，他们从简单的主仆关系发展成了朋友。他所拟的公文，一读便知是出自他的手笔，后来甚至发展成了记录政治新闻、社会流言的趣味报告，恰如克莱伦顿所言，他的文章是"以他最拿手的小说笔法"写就。他颇得维多利亚的欢心，她称自己从未读到过这样的书信，而此前对一切事物都毫无了解。作为奖赏，她在初春时赠予他几束鲜花，这些都是她亲手采摘的。他则派人为她送去一套自己写的小说，她回复说：自己"如获至宝，非常感激"。她随后出版了自己的作品《高原生活日志摘录》，这一时期，在首相与女王的谈话中总能听到这样的字眼："我们这些作家，夫人。"在政治问题上，她是他坚强有力的后盾。"确实，还从未有过像反对党这样的举动。"她写道。内阁在议院中遭遇失败时，她"对下议院的所作所为深感震惊，他们此举实在有损立宪政府的声誉"。她对变革之后的前景深感忧虑，她担心自由党可能会坚持取消国立爱尔兰教会，这样一来她的加冕誓言就会成为阻碍。然而，一场变革势在必行，维多利亚失去心爱的首相后，为缓解难过的心情，她曾枉费了一番努力将迪斯雷利夫人加封为贵族。

在哈瓦登，格莱斯顿只穿着一件衬衣，正在砍伐一棵树，这时他接到了女王的信件。他读完之后说了句"事关重大"，便又继续砍他的树了。他当时的隐秘心思愈加清楚了，还都藏在了他的日记里。"万能的主，"他写道，"似要授意与我，我有何德何能呢？我主圣明。"

不过，女王并未像她的新首相一样，觉得有什么主的授意在其中。她在格莱斯顿先生决心推行的巨大改革中并未看出什么神旨。然而她能怎么做？格莱斯顿先生，有着魔鬼一样的精力，又在下议院享有多数议员的强大支持，已经无人可挡。维多利亚发觉自己在这五年（1869—1875）里饱受无止境的改革动乱之苦，包括爱尔兰教会和土地制度的改革、教育制度改革、国会选举制度改革、陆军与海军组织制度改革和司法系统改革。她反对这些改革，力图阻止过，她简直怒不可遏。她觉得若是阿尔伯特还在，绝不会让此事发生，可她的抗议和不满都毫无用处。大堆文件如洪水般源源不断地涌来，她忙得心力交瘁。当一份冗长又复杂的爱尔兰教会议案，以及格莱斯顿先生送来的一叠写满字的四开本说明文件放在面前时，她无力极了。她看了议案又去读说明，读完说明又翻回议案，这两样真是一个比一个晦涩难懂。可她还是要做好分内之事：不仅要读，还要圈点批注。最终，她把整堆文件交给了马丁先生，他那时正好在奥斯本，她要马丁写一份摘要给她。他做好摘交给了女王，之后她反对这项举措的态度更加坚决了，可政府的力量不容小觑，她不得不力劝反对党采取温和的政策，避免更糟糕的事情发生。

在这场危机之中，在爱尔兰教会前途未卜之时，维多利亚已转而关注另一项改革提案了。这项改革提议，今后应该允许海军留胡子。"奇尔德斯先生对胡子一事有何决断？"她在写给海军大臣的信中，一片担忧地问及此事。大体而言，女王陛下是赞成这项改革的。"我个人认为，"她写道，"留胡子而不要留髭须，否则看起来就和陆军士兵没什么两样了，不过原本想让大家不必修面，可这样一来，目的就达不到了。所以，最好还是根据提议，蓄全须，不过应该留得短些，打理干净。"这个问题她又琢磨了一周之后，女王写下了最后一封信。她说她希望"就胡子一事再补充一句，即决不准只留须而不留胡子，这一点务必要清楚"。

海军改革姑且可以接受，但要想对陆军指手画脚就没那么轻松了。自古陆军与王室之间的关系就非比寻常，阿尔伯特在军务上认真细致，比在研究壁画绘制、设计贫民专用农舍上，投入的时间和精力多得多。但现在将要有一次大规模的改革：格莱斯顿先生已经下达命令，总司令将不再归君王直接管辖，而是从属于国会和陆军部。在自由党的所有改革中，这一项最让维多利亚怨恨不满。她觉得这次改革是对她女王之位的攻击，几乎也是对阿尔伯特地位的攻击。她无计可施，听凭首相为所欲为。她听闻这个可怕的人还在谋划另一项改革，废除军衔买卖制度，这事并未让她感到意外。有那么一会儿，她还希望上议院会来帮她一把，上议员反对这项改革的态度之强烈，出乎人的意料，然而格莱斯顿先生却比以往任何时候都觉得自己有如神助，他已备好一条锦囊妙计。购买军衔本是皇家所敕许授权的，如今当仍由皇家来废止。维多利亚正面对着一个奇特的窘境：一方面她极其不想看到购买权被废除；但同时她又必须行使君主的权力去废除它，这一点她倒是乐意之至。她并未踌躇太久，内阁刚摆出一副要劝君签字的庄重姿态，她便欣然应允了。

对于维多利亚来说，格莱斯顿先生的政策她已很是排斥，不止如此，他还做出一些令她更为不悦的事。她不喜欢格莱斯顿对她的态度。倒不是说他在和她的交往中有过失礼和不恭的举动。相反，在与女王的谈话和通信中，他的一举一动都格外恭敬。确实，一直到他不可思议的政治生涯的最后，他都始终深刻而热忱地奉行保守主义的原则，这为他难以捉摸的性格涂上一层出人意料的色彩，格莱斯顿以一种近似宗教信仰的敬畏目光，将维多利亚视作那些悠久传统不可侵犯的神圣象征，是英国政体中的关键要素，也是国会法令规定的一位女王。不过很不幸，这位女士并不喜欢这些赞美。她说了那句闻名的抱怨之语，"他跟我聊天时，就像面前站着一堆听众似的"，不论是否出自真心，这句话说得实在是精辟有趣，倒不太像维多利亚说出的话了。话无疑说明了格莱斯顿惹她厌恶的关键所在。被人视为一种政体要素，她并没有意见，因为她很清楚，女王的存在就是一种制度。可她也是个女人，仅仅被人当成制度摆设一样对待，她无法接受。因此，格莱斯顿先生所有的热情与忠诚、庄重的话语、低俯的鞠躬、细致得体的一切，都白白浪费了。后来，他忠心耿耿到了夸张的地步，溜须拍马时开始信口胡诌，他甚至说自己学识精深、博览群书、为人矜重热忱，这都是拜他敬仰的对象女王所赐，这下造成的误会更加彻底了。现实中的维多利亚与格莱斯顿先生臆想出的陌生神明相差之大，带来了灾难性的后果。她从不快、厌恶，最终产生彻底的恨意，但这些在她的言行举止上一刻都不曾表露，她依旧如常，无可挑剔。面对这样的女王，格莱斯顿十分失望，委屈得要命。

　　然而他的忠心却不曾动摇过。在举行内阁会议时，首相似乎带着神的旨意，开启了一系列议程，他首先大声朗读了女王写给他的信件，她在信中就目前所面临的问题给出了自己的看法。现场一片寂静，格莱斯顿先生读着一封封女王的信函，信中满是重点，语气十分激动，语法上也很有特点，这些都在他深沉庄重的语调中一一再现。没有人敢说出任何意见，哪怕是一句议论也没有。之后，全场又配合地保持了一段沉默，才正式开始当天的议程。

第二节

　　虽说维多利亚对首相待她的态度十分不喜，她还是发觉
这样也不无益处。她不曾露面的隐居生活令公众不满，这情
绪已经积累多年，如今就要以惊人的新面目爆发出来。共和
主义四处流布。在法国，拿破仑三世下台，共和政府建立，
这极大地刺激了英国激进派，他们的意见突然间比1848年
以来的任何时候都更加极端，而且也是首次获得了些许尊重。
宪章运动本来完全是下层阶级的事情，但是如今国会议员、
专业教授还有很多贵妇人都肆无忌惮地宣扬起最具颠覆性的
言论。不仅君主制的理论基础受到攻击，其实际运转也同样
受到挑战，女王受到开销过大的指责，这攻击的确说中了要
害。人们问道，国家为君主的开销支付如此大的费用，究竟
有何益处？维多利亚令人不愉快的隐居生活，此时恰好授人
以柄。有人指出君王的司仪之职已名存实亡，留下一个十分
棘手的问题，就是尚在履行的其他职能是否真值得每年为之

支付三十八万五千英镑。王室的账目被彻底盘查了一番。还出现一本题为《她将这笔钱作何使用》的匿名小册子，别有用心地将其财务状况一五一十地列出。其中写道，王室费用法案授权每年提供六万英镑供女王私用，但法案还规定，除此之外，她所得的大笔年金则要用来"支付王室的生活开销，维持君主的荣耀与尊严"。不过现如今，情况非常清楚，在阿尔伯特去世后，这两项花费必然已大为减少，那也就不难猜出，这一大笔钱，已经不再根据国会每年的规划来支配，而是充作了维多利亚的私人款项。这笔私款究竟有多少，我们不得而知，但有理由怀疑这是一笔巨款，总额也许多达五百万英镑。那本小册子对此事表达了抗议，它的呼声还在报纸和公众集会上被反复提到。虽然这肯定是过于夸大了维多利亚的财富，但她也绝对是一个极为阔绰的女人。她也许每年能从皇家经费中存下两万英镑，兰凯斯特勋爵的岁入在稳步增长，她还继承了阿尔伯特王子的一大笔遗产，而且在 1852 年，古怪吝啬的约翰·奈尔德先生还给她留下一笔五十万的资产。就此来看，1871 年，露易丝公主与亚吉尔勋爵长子大婚时，国会被要求给公主三万磅作为妆奁，此外还有六千英镑的年金，这也难怪会引起一片哗然。[1] 为安抚舆论起见，女王亲自主持国会，那项提议几乎全场一致通过。然而数月之后，又有一个提议：亚瑟王子已经成年，国家需

1　1889 年，官方公布在王室经费中，女王存余款项达 824025 英镑，不过这笔钱主要作款待外宾之用。再加之以兰凯斯特勋爵每年 60000 英镑的收入，以及阿尔伯特王子与奈尔德的遗产，维多利亚去世前的私产约达 200 万镑。

要给他一万五千磅的年金，抗议之声加倍沸腾起来。报纸上满是愤慨的言论。人们聚集在特拉法尔加广场上，这是有史以来人数最多的一次集会，布拉德劳面对着人群大加指责"贵为王公的求乞者"，显得激愤不已。查尔斯·迪尔克爵爷还在纽卡斯特对着选民大肆鼓吹共和政体。王子的年金一事在下议院获得多数议员支持，最终得以通过，不过还是有五十位少数派议员认为应该将金额缩减至一万英镑。

这个十分乏味的问题，在其各个环节上，都有格莱斯顿先生在严防死守。他的支持者中的那些极端人士，他绝对不与之苟同。他声称女王的全部收入理应归她自由支配，而那些对王室结余款项的不满，反而会让他们更为奢侈，而且还会让这些大家本来不想接受的年金，顺利通过国会表决，因为这些年金都有先例可援，丝毫没有越轨。1872年，查尔斯·迪尔克爵爷在下议院再度指责此事，提出一项动议，要求全面核查女王的开销，来对皇家经费进行一场深入彻底的改革，首相穷其所能，施展雄辩和绝妙的口才来支持女王。他最终大获全胜，在一片混乱之中，迪尔克带着这项动议铩羽而归。格莱斯顿先生成功为她解围，不过女王却并没有因此就多喜欢他一些。

这或许是她一生中最悲惨的时刻。大臣们、新闻报道、公众合起来惹恼她、责备她、曲解她，毫无同情和尊敬可言。她是"一个被人误解极深的女人"，她对马丁先生说道，她还凄苦地向他抱怨自己遭到的不公的抨击，并且称："我孤家寡人，在这十年里忧虑深重，事务繁多，而且岁月不饶人，如今这身体真是大不如前，"这些就要摧垮她，"几乎把她逼到绝望的地步"。她的状况确实糟糕极了。似乎她整个人都变得不对劲了，女王和国民之间似乎已经产生了不解之恨。倘若维多利亚在七十年代初便去世，世人无疑会宣告她是一个失败者。

第三节

　　然而女王的命运注定会发生改变。共和主义的突然盛行其实不过是日暮途穷前的最后一次闪光，自从《改革法案》生效以来，自由主义的浪潮一直稳步发展，在格莱斯顿先生第一次任职期间达到高潮，当这届内阁即将卸任之时，自由主义的浪潮也不可避免地走向衰落。情况突然就发生了逆转，而且声势浩大。1874年的大选之后，整个政坛的面貌都为之一变。格莱斯顿先生和自由党人惨败，保守党在英国获得了绝对性的优势地位，这在过去的四十多年中尚属首次。很显然，这次出人意料的胜利要归功于迪斯雷利的招数和力量，再度上台时他已不再是那个统领一支无能军队的优柔寡断的指挥官，而是在阵阵擂鼓声中，带着迎风招展的旗帜，胜利归来的英雄。维多利亚也像欢迎一位奏凯而还的英雄那样迎接新首相的到来。

　　而后迪斯雷利在喜悦、陶醉、幸福、荣耀和浪漫的情绪之中一过便是六年。这位不同凡响的人物，竭力奋斗了一生，终于在最后时刻，在他七十岁高龄之际，实现了他少年时最为荒诞的梦想，他很会猜测女王的心思，而且一丝不差，可以说他既是女王的仆人，还是可以掌控她的主人，的确令人称奇。对于他来说，女人的心绪就像是一本打开的书，清楚易读。他的全部正事便是钻研这些奇妙难测的事情，越是难测，他就越是精通。但是比肯斯菲尔德夫人，和她那发狂的偶像崇拜，还有布里奇斯·威廉姆斯夫人，以及她标志性的木屐、臃肿的身材、她的遗产，都已不再能引起他的关注，取而代之的是一种更为不同凡响的事物。他以内行人的目光打量着面前的维多利亚，不曾有片刻的迷惘。他洞晓一切——在她身上，他看到了环境与性格相互影响的复杂情形，女王身份所带来的骄傲与她自大的性格难解地交融在一起，还有她异常丰富的感情流露、对世事的天真态度、严肃认真又勤勉可敬的品质。这些性情背后，还有她对五光十色和新奇事物变幻莫测的渴望、特有的思维缺陷、全身浸透着的神秘的女性要素，不相称得融合在她身上。他面无表情的脸上浮现一丝笑意，他称维多利亚为"仙子"，能想出这样一个称呼，他十分高兴，因为它精妙而含蓄，深得他心，这个词准确表达了女王在他心目中的形象。斯宾塞的典故非常合意，"仙子"让人想起美丽的格罗丽安娜，然而除此之外，它还是一种小生物，具有魔力和神话的特质，而且有一种与其他特性不相称的荒谬之处，那就是它所带有的不祥之兆。他决心要让这位仙子今后仅为他一人挥舞手中的魔棒。客观无私是一项难得的品质，而且也许在政客之中最不多见，不过这位资深的唯我主义者却能达到一种超然无我的至高境界。他不只知道自己需要做什么，而且付诸实践了，他还既能做一个旁观的看客，也能粉墨登场，他以一位行家的浓厚兴趣品味着那精彩场景中的每一处特写、精妙戏剧中的每一段情节，以及他自己完美演出时的每一个细节。

那一丝笑容浮现又消失了，他带着东方式的肃穆与恭顺深鞠一躬，之后便开始工作。从一开始，他就已经想到，接近仙子的最好方式便是做与格莱斯顿完全相反之事，这种事对于他来说易如反掌。他本就不习惯用一口官腔高谈阔论，不会大肆渲染、劝诫说教，他喜欢在工作的小径上洒下鲜花，把严肃的宏论压缩成活泼的短句，带着友好知心的善意委婉地表达他的想法。他只按自己的性格行事，他已经发觉，个性才是打开仙子心房的那把钥匙。因此，在和她的交往之中，他片刻也不曾失去个性化的表达，他把国家大事讲得饶有趣味，像在谈天一般，她永远都是一位贵夫人，还是受人仰慕的女主人，他则是位忠诚而恭敬的朋友。一旦开始私人的交往，一切困难便消失了。不过要想维持这段关系，使之顺利平稳地不断发展，就必须费心呵护。他对女王说话时，嘴里常像抹了蜜似的。迪斯雷利丝毫不觉得这有什么不对，他对马修·阿诺德说："你曾听人称我是溜须拍马之徒，这不假，人人都喜欢听恭维话，你若是来觐见君主，也会嘴上带蜜、极力吹捧之能事的。"他把自己所鼓吹的都付诸行动。他的奉承话滔滔不绝，蜂蜜抹得相当厚重。他宣称："对于在下而言，没有任何荣耀和奖赏能比得上陛下对我的好意。如今在下的一切所思所感、一切情义都集中于陛下一人身上，在下此生已别无他求，唯欲尽余生之力以奉陛下。倘若无法实现，便将这段最为有趣、令人陶醉的记忆铭记心间，以此来度过余生。"他告诉女王："在生活里，一个人必须有一处圣所来安放自己的思想，比肯斯菲尔德勋爵却一再僭越，妄图求诸陛下。"她不只是他坚实的后盾，还是那一根国家支柱。他在一次严重的政治危机发生时写道："如果陛下抱恙，在下也必然会倒下。所以一切，真的，全都仰赖陛下。""在下只为陛下一人而存在、只为陛下一人工作，倘若没有陛下，一切便都没有了意义。"在女王生日时，他献上一份精心炮制的甜言蜜语，其中满是夸张的颂词："如今陛下权倾四海，大英帝国幅员辽阔，我们的海陆军威武勇健，比肯斯菲尔德勋爵真应该前来恭贺。可是他不能，他感佩的可不是这些。勋爵心中一心念着命运给他的奇特安排，让他能侍奉到如此伟大的一位君主。是她那无量的仁慈、智慧的光芒和坚定意志的影响，他才能完成起自己本无法胜任的工作。在所有事务上他都备受支持，她赐予的同情和理解，在危难之中给予了他安慰和鼓舞。愿万能的上帝为这位泱泱大国的君主赐以智者希求、有德者应受的福分！"这一张嘴真是舌灿莲花，似乎是在为世人道出他们都不知道的真相呢。

这样的献词虽然讨人欢心，但还是停留在口头上，迪斯雷利决定再做出点切实的事来讨好女王。他有意强调维多利亚身份的重要性，她本就十分看重自己的地位了，又在阿尔伯特的信条与史多克玛的教诲下更加重视。他称自己信仰君主在政府机构中享有领导地位的宪法理论，不过他并未直截了当地这么说，他着重强调应有"一个真正的王位"，心里或许还有一个弦外之音，那就是实际上并不会有什么真正的王位，土位上的人也不会听他的花言巧语。但他表达得含蓄，还是产生了影响，让女王很兴奋。他巧妙地迷惑着这个贵为君主的女人，他大手一挥，就让英国政府臣服在她脚下，似乎这样一来他就表达了自己对女王的敬意。在重掌大权后，迪斯雷利初次面圣就向女王保证"一切都会遵照女王的意思去做"。当内阁讨论起条目复杂的"公众礼拜监管法案"时，他告诉仙女，他的"唯一目标"就是"贯彻陛下对此事的意见"。当他在苏伊士运河主权一事上一举成功后，他用言语暗示出此事的唯一受益者便是维多利亚。"事情刚刚尘埃落定，"他志得意满地写道，"它属于您了，陛下……四百万英镑！几乎马上就有了，只有一家银行能立刻办到，那就是罗斯柴尔德家族。他们的表现令人佩服，提供低息贷款，而且埃及总督的所有权益现都归您所有了，陛下。"他也不是只说这些添油加醋的逢迎之语，他还以首相的全部威信在信中向女王进谏，说她享有宪法赋予的权力，可以解散获下议院多数席位支持的内阁，他甚至煽动她这么做，只要她觉得"陛下的内阁欺骗了陛下，不论是蓄意为之，还是出于无心。"令格莱斯顿先生心惊胆战的是，他不仅把内阁常务呈报给女王，还将内阁议事时每人的态度向女王一一禀告。已故首相之子、迪斯雷利的外交大臣德比勋爵满心疑虑地注视这些事情。他大胆给首相写信道："您这么过分鼓励她重视个人权力，而将公众意愿完全弃置一旁，这样做是不是有些冒险了？我只是问问，还是您来做决定。"

至于维多利亚，这些对于她而言都很受用，恭维、奉承、伊丽莎白那样的特权——不会感到一丝疑虑。在丧夫后她度过了漫长的黑暗岁月，又受到格莱斯顿那般刻板而不近人情的对待，而今在迪斯雷利忠诚的光芒下像一朵花一般，沐浴在阳光里，绽放着自己。她的状态的确发生了奇迹般的转变。她不用再为那些千头万绪的公务伤脑筋，现在她只要请迪斯雷利先生来解释一下就好，他会给出一份最简洁生动的说明。她也不再为各种惊人的新情况而忧心焦虑了，不再因为自己被一个恭敬的高领绅士视作某种先例的化身、通晓晦涩的希腊文化而闷闷不乐了。助她脱离苦海的自然是个魅力无穷的人。拿破仑三世身上自吹自擂的习气曾经令她不自觉地着迷过，现在这种性格又到了迪斯雷利身上，又对她产生了同样的吸引力。作为一个很少饮酒的人，女王总是在枯燥乏味的自我克制中平庸度日，于是在面对他眼花缭乱的诱惑时，她那单纯的头脑一下就全盘接受了，而且兴奋不已，从此变得心醉神迷。他的恭维之语她都信以为真，于是在阿尔伯特死后那段忧郁时期里她失去的自信，又全都回来了。她兴高采烈，重新得意扬扬起来，这时他向她描述起迷人的东方幻境，那富丽堂皇的帝王排场令她目眩神摇、梦寐以求。在这样让人难以抗拒的影响之下，她的风度也为之一变。她矮胖的身子，穿着黑丝绒的褶裙，系着平纹细布的饰带，粗重的脖颈上戴着沉甸甸的珍珠项链，显出一副威风凛凛的气势。在她的面容上，绮年玉貌早已不再，但这副面孔也还未因为岁月的流逝而变得温柔和顺，依然清晰地流露出痛苦、失望、不悦的痕迹，而且还添上一层傲慢之色和几条颇显专横的纹路。只有在迪斯雷利出现时，她的表情立刻就变了，顿时便从一脸冷峻换作满面笑容了。她可以为他做任何事情。在他的多番鼓励下，她让步了，开始告别隐居生活，她半正式地在伦敦的救济院和音乐会上露面，她还主持了国会开幕式，在奥尔德肖特检阅军队、授予奖章。女王对迪斯雷利公开的青睐举动比起她私下里的眷顾来根本算不得什么。他前来觐见时，她总是兴奋、激动到不能自已。"我只能这么向你描述她接待我的场景，"他在给朋友的一封书信中写道，"当时我真的以为她是来拥抱我的，她一次次扬起笑容，她边聊天，边轻快地四处走动着，像一只小鸟似的。"当他不在身边时，她又总是谈起他，异乎寻常地牵挂着他的健康。迪斯雷利告诉布拉德福德夫人："约翰·曼纳斯刚从奥斯本回来，说仙女只谈及一个话题，那就是她的首相。他还说，她还提出一个仁慈的意见，让政府把我的健康问题拿到内阁中去讨论，亲爱的约翰似乎被她的话吓了一跳，不过你已经习惯了这些情感迸发的时候了吧。"她常送他礼物，每年圣诞，他都准能收到温莎寄来的插画本，但是最珍贵的礼物是那一束束春日的鲜花，那是她亲自和她的女士们一起在奥斯本的林子里采来的，特地以此来传达她的关心和温情。这些花中，他称自己最爱的是报春花。他说，它们是"春天的使者，是自然的瑰宝"。他向她保证说，他尤其偏爱这些东西，"是因为它们是自然生长的，它们是奥斯本的牧神与林中仙女献上的厚礼"。"这些还可以说明，"他告诉她，"陛下的权杖已经将这座仙岛点化。"在晚宴上，他面前摆满了一钵钵迎春花，它们都堆了很高，他对客人们说："这都是今天早晨女王派人从奥斯本送给我的，因为她知道这是我最喜欢的花。"

日子一天天过去，我们越来越清楚地看到，女王整个人都已经被控制了，他的种种声明渐渐变得多姿多彩起来，也越加无所忌讳。最后他还敢在阿谀奉承时用一种表达爱慕的语调，听起来几乎是在公然对女王诉说情话一般。他用这些千回百转的繁复句子来将他的心声一一道出，他写道："公务繁重，微臣的心力已几乎耗尽，写信时便有些神思恍惚，笔端缺乏感情，无法向最敬爱、最卓越的君主表达出微臣的想法和近况，有负您的抬爱。"她派人为他送去几束迎春花，他回复说："在这样一个时刻，从微臣所崇慕的君主那里收到这些花，真的可以说它们'比宝石还要珍贵'。"她又送他一些雪花莲，他又情感泛滥到开始作诗了。他写道："昨日黄昏，在白厅花园里，送来一只精巧玲珑的盒子，盒上是您御笔题词，微臣甫一轻启，便觉得这一定是女王授予在下的宝星勋章，微臣着实是沉浸在这般美妙的想象之中，于是在满是勋章绶带的宴会上，便禁不住将朵朵雪花莲戴在胸前，以示微臣也身佩恩主赐予的荣光。而后，到了午夜时分，微臣忽然想到，也许这全是幻觉，也许这是仙子的赠礼，是另一位女王泰坦妮亚与其臣属，在一座煦色韶光、四面环海的岛上采来的，然后又将那一朵朵有魔法的花儿送出，据说受赠者便会因此心荡神驰。"

　　仙子的赠礼！他写下这些字的时候有没有笑出来呢？也许，但也不能就此草草断定这些热烈的表白全无一点真心。他既是演员也是观众，这两种性格如此紧密地融成一体，形成奇异的混合物，我们根本无法将之区分开来，也不便说哪一种才更像真实的他。在其中一种性格的作用下，他能够冷静地评定女王的智力，惊讶她有时也会"非常诙谐有趣"，然后又装腔作势地拿起小铲，继续溜须拍马；同时另一种性格又让他完全为古老的皇家气派所震慑，因过蒙拔擢而欣喜若狂，为自己编织出一个光辉绚烂的幻境，其中满是他梦寐以求的王冠、权势和骑士的浪漫爱情。他告诉维多利亚说："在我这沾染着些许浪漫和想象色彩的人生中，像和您这样一位如此高贵又启人心智的女士做知己的有趣经历再也没有了"，这话到底是否真诚呢？他在信中向一位女士描述宫廷时写道："我爱女王，也许在这世上我唯一爱的就是她了。"

他难道不是照着天方夜谭的故事，为自己建造了一座迷人的宫殿吗？面对这一座海市蜃楼，实际上他已信以为真了。维多利亚的心思要简单得多，她不会因为什么幻想而苦恼，也从不因现实与幻想日益纠缠，而在一片混沌的心绪中茫然无措。尽管她的情感强烈又夸张，但表面上依旧如常，言谈之中也不会流露过多情绪。她在一封给首相的公函末尾处写道："你亲爱的维多利亚"。这句落款一出，她真正的意思便很清楚了。仙女是脚踏实地的，诡计多端的玩世不恭者却还飘在半空中。

不过他还是教了她一点东西，她很快就学会了。第二个格罗丽安娜，他是这么称她的吧？很好，那，她就表现一番，要配得上这份赞美才行。接着便出现了令人忧虑的征兆。在 1874 年 5 月，俄国沙皇之女与维多利亚的次子爱丁堡公爵大婚后刚过不久，沙皇人还在伦敦，但出现一个不幸的错误，他的启程之日给安排在了女王人不在的时候，那时女王已按原计划移驾巴慕乐两日了。女王陛下不肯更改她的计划。有人告诉她沙皇一定会龙颜大怒的，后果不堪设想，德比勋爵大为反对，印度事务大臣索尔兹伯里勋爵倍感不安。但仙女并不在意，她打定主意要于 5 月 18 日动身去巴慕乐，到了那日她便非要出发。最终还是迪斯雷利使尽浑身解数，说服她在伦敦多留两日。他告诉布拉德福德夫人说："我的脑袋还好好地待在我的肩上呢，可是女王大人已经完全推迟了她的行期！所有人都没能劝成，就连威尔士王子也无计可施……我很清楚自己也并非受宠之人，但不得不如此，索尔兹伯里说我避免了一场阿富汗战争，德比也因为这次空前的大捷对我很是称许。"但没过多久，又发生了一件事，这次仙女成了赢家。迪斯雷利忽然转向新帝国主义，他建议英国女王应该成为印度女皇，维多利亚便就此不肯罢休了，不论场合地敦促首相促成此事。他顾虑重重，她却不依不饶，到了1876年，他和整个内阁尽管都不情愿，但在怨声四起、问题重重的会议上，他还是不得不火上浇油，提出一项更改王室头衔的议案。不过，他的顺服最终征服了仙女的心。这项提案在上下议院都遭到了猛烈的抨击，迪斯雷利全力以赴地为之辩护，这令女王感动不已。她说，看他身受"焦虑和苦恼"的折磨，她也很难过，恐怕这些都是因为她，她永远也不会忘记"她好心、善良又体贴的朋友"为她做的这些事情。与此同时，她对反对党怒火冲天。她称，他们的所作所为是"一意孤行，不可理喻，大错特错"，她还曾经特意说过一番言不由衷、与先前所有举动相抵牾的话，她称自己"很乐意更多人明白此乃朕之所愿，既然民众定要如此，朕便不得不依从。"事情圆满完成之后，女王的胜利得到了应有的庆贺。德里宣言发表当天，新晋伯爵比肯斯菲尔德来到温莎与新任印度女王共进晚宴，当晚，一向衣着朴素的仙女，却打扮得光鲜亮丽，戴着未加雕琢的大块珠宝，乃是她所统治的印度诸侯呈上的贡礼。晚宴结束之时，首相不顾礼节地站起身来，用一番辞藻华丽的演说来恭祝女皇帝健康长寿，这项大胆之举很受欢迎，女王微笑着报之以屈膝之礼。

这都是一些颇有意味的插曲，不过第二年时，维多利亚的脾气愈发暴躁了，那是比肯斯菲尔德一生中最为危难深重的时期。他不断主张帝国主义，企图扩大英国的力量与威望，坚持一种"扩张性的外交政策"，于是他和沙俄政府之间便产生了冲突，近东地区的可怕隐患逐渐显现出来。当沙俄和土耳其之间爆发战争时，时局紧张到了极点，首相的政策可能让自己陷于不利之地。他显然很清楚这会导致英俄战争的爆发，但若是别无选择，他还是不惜铤而走险。不过他认为沙俄实际上也并不乐意看到两国关系就此破裂，他还相信，若他有足够的胆识和机敏能赌赢这一局，时候一到，不费吹灰之力便能使之屈服，答应他的所有要求。他为自己规划的这条路显然极有风险，而且需要超乎常人的魄力，只要一步走错，不论他自己还是整个英国，都会面临灭顶之灾。不过，他从来不缺乏魄力，带着强大的信心，他开始如履薄冰地施展外交手腕。他发现，在沙俄政府、自由党人和格莱斯顿先生之外，他还必须考虑另外两个会扰乱计划的潜在因素。首先是内阁中权尊势重的一派人，以德比勋爵为首，这位外交大臣不愿冒着战争的危险行事，不过他最不放心的还是那位仙女。

起初，她不肯让步。在克里米亚战争时她就对沙俄心生恨意，如今这份旧恨再次涌上心头，她还记得阿尔伯特一直以来都对沙俄充满敌意，她的高贵也受到了冒犯，这让她刺痛不已，于是她一腔热忱，投身于这场动乱之中。她对反对党，对任何胆敢在俄土争端中同情俄国的人，她都怒不可遏。伦敦城内，举办了一些反土耳其的会议，由威斯敏斯特公爵与沙福特斯波里爵爷主持，格莱斯顿先生与其他激进党的重要成员出席了会议，她认为："检察长应起诉这些人，这属于违宪行为。"她的一生中，即便是当她身陷寝宫侍嫔危机之时，她也没有表现得这般激愤固执过。但她的不满不只是针对激进派，式微的保守党一样受到了冲击。她甚至对比肯斯菲尔德勋爵本人都心有不满。他政策的精妙、周全之处，她完全领略不到。她不停地责备他，要他采取有力的行动，还把他的每一项策略都视作软弱的表现，每当形势发生变化，她便准备放出犬兵，随时应战。随着局势的不断变化，她的焦虑日渐加重，她写道："我担忧至极，再这样拖延下去，我们必将悔之晚矣，到时我们威望全无，再也回不去了！我为此日夜不安。"比肯斯菲尔德告诉布拉德福德夫人说："仙女天天都在写信，每时每刻都在发电报，这么说一点都不夸张。"她对俄国人大发雷霆，咬牙切齿道："那些话，出言不逊——俄国人对我们说出这种话！我简直气得全身血液都要沸腾起来了！"她一会儿又写道："我如果是男儿身，现在就去把那群出尔反尔的俄国人狠狠地揍一顿！不出口恶气，就永远没有和好的可能，这是肯定的。"

维多利亚在一旁不停敦促着要开战，倒霉的首相一边要应付女王，另一边呢，还要与外交大臣德比勋爵周旋，勋爵完全不许他插手此事。他夹在女王和德比勋爵之间，进退维谷。不过在乘间投隙之时，他也有所点收获——用女王的信函来激发德比勋爵的昂扬斗志，同时也会借批驳德比勋爵的主张来安抚女王。他还有一次做过头了，在女王的要求下写了一封严词攻讦德比勋爵的信，女王立刻就签了字，原封不动地派人给外交大臣送去。然而这种计谋只能缓一时之虞，维多利亚穷兵黩武的热情显然并未因为对德比勋爵的仇恨而有所减退，与俄国开战才是她想做、会做也一定要做的事。现在，女王仅剩的一点点耐性也磨没了，她开始向她的朋友发起一连串的恐吓。她屡次三番以退位相要挟，居高临下地对比肯斯菲尔德说道："若是英国在沙俄面前一副奴颜婢膝之态，我绝不肯与英国一道受此侮辱，到时我自会取下头上的这顶王冠。"她还说首相如果觉得合适，可以把她的话转告内阁。她大声道："再这样拖延、犹豫下去，我们将于四海八方之内，威信尽失，地位一落千丈，沙俄可是一直紧追不舍，马上就要打到君士坦丁堡了！政府将会被人狠狠地指责，我将不堪其辱、立即退位。"她重申："如我之前所言，这个国家竟然向一群野蛮人低头献媚，那可是一帮自由文明的悬疣附赘，继续给这样的国家做君主，我办不到。"当沙俄进军至君士坦丁堡郊外时，她一日之内三次发信要求开战，在得知内阁只是决定派遣舰队开往加里波里时，她称"我第一反应"就是"摘下这顶灼人的王冠，如果这个国家依旧像现在这般，这王冠也没什么好戴的了。"不难想象，这样一封信会使得比肯斯菲尔德陷入不安之中。这已经不再是那个仙女了，而是他从瓶中召唤出的魔鬼，现如今她正要施展她强大的法力。他陷入了迷惘、沮丧之中，被病痛折磨着，想要彻底退出赌局的想法出现过不止一次。他写道："我一辞职，高层便会出状况，我若真能忍心抛下不管，恐怕现在已经辞职了。"

然而他坚持了下去，看到了最终的胜利。女王息怒了，德比勋爵的位子给了索尔兹伯里勋爵，在柏林会议上，"这位犹太老叟"大胜而归。他颇为得意地回到英国，向兴高采烈的维多利亚保证，就算她现在还不算是"欧洲的独裁女王"，那也很快就要坐上那个位子了。

然而刚过不久，情况便发生了意外的逆转。在1880年的大选中，由于国民不信任保守党的激进政策，又为格莱斯顿先生的华丽演说所蛊惑，国家大权便又落到自由党手中。维多利亚惊骇不已，然而不出一年她又再受打击，这一次的打击更加真切。这场盛大的浪漫传奇终于要迎来落幕。岁月不饶人，加之病魔缠身，比肯斯菲尔德勋爵已经被折磨得灯尽油枯，但他依旧不曾停下脚步，像具不知疲倦的木乃伊，出席完一场场晚宴便又去赶赴下一场，突然有一天他却再也走不动了。她知道那一天一定会来的，她本能地产生了恻隐之心，似乎就是带着这样的心情，她走下王位，小心翼翼地来到他身边，动作轻柔，不弄出一点声响，她只是一位陪伴他的女子，再无其他。"我派人送了一些迎春花，"她用朴素而感人的语言写道，"我本想这周去看望你的，但后来又觉得应该让你好好清静一下，不必费力气讲话，这样可能更好一点。答应我，你一定要保重身体，听从医生的安排。"她说，她会去探望他的，"就在我们从奥斯本回来之后，不会让你等太久。""大家都在为你的身体状况而难过，"她又写道，而且她说自己"永远是你亲爱的维多利亚女王"。当女王的信函交到他的手上时，这位乖僻又滑稽的老戏骨，在他的死亡之榻上浑身舒展开来，手中稳稳地托住这封信，一副深思的模样，而后又对周围的人低语道："这封信该由枢密院的官员来读给我听。"

Charpter IX

第九章　晚年生活

第一节

　　与此同时，维多利亚自己的生活也发生了很大改变。年长一些的孩子陆续迈入婚姻的殿堂，亲友圈子扩大了不少，接着一个个孙子孙女出世了，家里也就有了许多新的牵挂。1865年，利欧波德国王一去世，老一辈中便没有了主心骨，曾经在他周围聚集着一大群日耳曼和英国的亲戚，老国王一直负责给他们出谋划策。如今老国王走了，这些事都落到了维多利亚肩上。她尽心尽力地担负起这些职责，丝毫不敢懈怠。她处理一封又一封的信函，关心着那些不断在开枝散叶的表亲戚的点滴生活。她既饱尝了天伦之乐，又受尽其苦。她尤其喜爱她的孙辈们，那份宠溺是他们的父母辈都从未享受过的，不过就算是对着孙子孙女，该严厉的时候，她也会对他们很严厉。这群孩子中最年长的普鲁士小王子威廉，是个非常任性的孩子，即便在祖母面前，他也敢胡闹。有一次在奥斯本，维多利亚让他向宾客鞠躬行礼，他怎么都不肯听话。这样可不行，她又命令了一次，声色俱厉，于是这淘气的孩子发现，他的祖母突然摇身一变，成了一个非常可怕的老太太，他不敢在她面前任性了，于是深深地鞠了一躬。

要是女王所有的家庭问题都能这样轻易解决，那就太好了。然而还有令她更苦恼的事情，比如威尔士王子现在的表现。这个年轻人已经独立，还结了婚，不再为父母所管束，一副兴冲冲的样子，就要为所欲为了。维多利亚非常担心，1870 年时，她最害怕的事果然发生了，威尔士王子在一宗上流社会的离婚案中出庭作证，她的王位继承人显然已经和那群她一点都不喜欢的人混在一起了。该怎么办呢？她明白，这不只是她儿子的问题，整个社会制度都应对此负有责任。因此，她向《泰晤士报》的主编德莱纯先生致函，请他"多写些文章，指出上流社会那些轻浮可鄙的观念，以及生活中所隐藏的巨大危险和罪恶。"五年后，德莱纯先生确实照着这个主题，撰写了一篇文章。不过似乎也并未引起什么反响。

啊！要是上流阶层也能学会过她那样简朴的家庭生活，就像她在巴慕乐隐居时的那样多好！身处苏格兰高地时，她越来越感到舒适、放松，人也变得精神起来。因此，她每年要去两次，在夏秋两季，她都能轻装上阵，踏上她北上的旅程，丝毫不去理会大臣们委婉的抗议，他们在女王耳边低声抱怨道：您在六百里之外处理国务，会给政府造成太多麻烦的。她的侍嫔们有时也不太情愿出门，因为在那些年里，长途跋涉总免不了有些麻烦。多年来，女王由于观念保守，不许将长途铁路铺到迪赛德地区，如此一来，最后的那段旅程就必须乘马车行进了。但毕竟，马车也有马车的好处，譬如上下车比较方便，这方面的考量也很重要，因为皇家列车一直都不考虑安装任何现代化的便利设施。当它停靠在边境地区的荒野，举目四望又看不到任何站台时，那些出身高贵的贵妇们，不得不冒险从踏板上直接跳下，而那唯一的折叠台阶是专为女王陛下的包厢所准备的。在衬架裙流行的年代，人们像这样下车时有时就会显得很狼狈，而且时不时地要把约翰斯通先生召过来，那位矮小结实的苏格兰铁路总长，这个人不止一次在狂风骤雨中，千辛万苦地将某位可怜的布兰奇夫人或是阿加莎夫人"推上"，他就是这么描述的——她们的车厢。但维多利亚根本就不管这些事情。她只想以最快的速度，重新回到她那迷人的城堡里，那里的每个角落都充满了回忆，那里的每段记忆都是神圣的，那里的生活尽是在一天天无休止的愉快琐事中度过的。

维多利亚爱的不仅仅是那个地方，她同样爱那些"朴实的山民"。她说，从他们身上，她学到了许多关于畏天知命的道理。史密斯、格兰特、罗斯和汤普森，她对他们都很热心，不过她最信任的还是约翰·布朗。他曾经是阿尔伯特的侍卫，现在成了女王的私人随从，从不离身，陪她出游，白天服侍左右，夜晚在她的隔壁歇息。她喜欢他的那份强壮与稳健，以及他带来的实在的安全感，她甚至喜欢他粗鲁的举止，连同那粗陋的话语。她不介意布朗在她面前的冒失之举，这项特权其他人连想都不要想。欺负女王，随意支使她，训斥她，谁敢如此胆大妄为？然而，当她从约翰·布朗那里受到这种待遇时，她似乎很是享受。这看似有些太过怪异，但是说到底，对于这样一位独断专行的遗孀来说，听任某个自己信得过又离不开的仆人发号施令，而对于另一些亲友则心存戒备、严禁如此，也不足为奇：通过玩一点心理学上的游戏，仆人手中的权力就仍然属于自己了，哪怕他用这权力来支使她。当维多利亚乖乖听从她亲信粗鲁的命令而下马或穿上披肩时，她不是就表现出自己最高的意志力吗？人们也许会十分惊奇，她却总是欲罢不能。似乎这样做她很开心，而她也仅仅就到此为止而已。倚仗儿子或大臣帮她拿主意似乎更为明智、自然，但如果她一这么做，就会本能地感到，自己确实已经没办法独立自主了。但她亦渴望有所依靠。漫长的君主生涯中，她过得十分辛苦。当她在荒野中静静地驱车行驶时，她靠在马车上，感到心情压抑又疲乏困顿，但是，约翰·布朗就在马车后面坐着，当她下车时，他那强壮的臂膀能给她依靠，这多么令人宽慰啊。

在她心目中，他也与阿尔伯特有种特殊的联系。在他们的远征中，阿尔伯特总是最信任他，她有种神秘的感觉，似乎这个粗野、善良又毛发旺盛的苏格兰人，就是亡夫留下的遗产。最终她还相信，或者看似相信，在布朗走近时，阿尔伯特的灵魂也靠近了她。通常，在思索政治或家庭中的某个复杂问题的解决之道时，她就会聚精会神地注视着已故丈夫的半身像。但也有人发现，女王陛下有时也会用这样的目光凝视着约翰·布朗。

结果，这个"朴实的山民"几乎成了一位国家要员，其影响力不容小觑。比肯斯菲尔德勋爵给女王写信时，十分谨慎用心，时不时就要问候"布朗先生"。英国君主到法国进行国事访问期间，法方政府也大费周章地来招待他。在王室的老一辈人中，他自然不受到欢迎，而他的缺点，他有喝苏格兰威士忌的嗜好，尽管维多利亚从未注意到这一点，成了朝中议论的话题，他们总是尖刻地谈及此事。但他侍奉女主人时忠心耿耿，要是在她的传记中对这个人避而不谈，就是一种不尊重了。因为女王根本没有把这份深情厚谊当作什么秘密，而是特意将它公之于众。女王下令赐予了他两枚金质奖章，1883 年他去世时，《宫廷通报》上刊载了一篇长文讣告，对他的生平倍加赞扬。还有一枚金质的布朗纪念胸针，一面镶着已故仆人的头像，另一面是女王设计的花体签名，用以送给她那苏格兰高地的仆人和村民，并在他每年的忌日上，连同黑纱和别针佩戴在身上。在 1884 出版的女王高原日记的第二辑中，她的这位"忠实的贴身随从、值得信赖的朋友"几乎出现在每一页纸上，完全成了书中的男主人公。维多利亚就这样打破了皇家中人常有的缄默态度，看样子维多利亚是想让整个国家都能接受她和布朗之间的微妙私交，然而，世人总是如此，实际上，总有人把他们的主仆关系拿来当下流的笑话讲。

第二节

　　岁月匆匆，时光触摸后留下的神奇印记越发清晰起来，垂暮之年向她步步走来，轻轻地降临在维多利亚身上。她灰色的头发渐渐泛白，成熟的面孔更加柔和，矮小坚实的身材宽大起来，动作也愈发缓慢，拄起了拐杖。同时，女王整个生命进程都发生了不同寻常的转变。长期以来，国民都在批评，甚至敌视她，如今他们的态度完全改变了，维多利亚的心性也同样发生了转变。

　　这一局面产生的原因有很多。女王命途多舛，在短短数年内接连受挫便是一个原因。1862 年，爱丽丝公主与黑森达姆施塔特的路易斯王子结婚，而后于 1878 年，她便在凄苦的境遇中去世。第二年，法国皇子，这位欧也妮王后的独子，也是维多利亚自 1870 年那场灾难以来一直念兹在兹的人，在祖鲁战争中阵亡了。两年之后，在 1881 年，女王痛失比肯斯菲尔德勋爵。1883 年，约翰·布朗离世。1884 年，利欧波德王子、奥尔巴尼公爵也英年早逝，他生就一副羸弱的身躯，婚后不久便草草离开人世。维多利亚悲不自胜，她那一肚子的苦水真的就要溢出来了，人们看到这位寡母泪流不止的样子，看着她为自己的孩子和朋友而难过，便越来越同情她了。

在 1882 发生的一桩事件中，国民的这份感情表露得更加清楚。在温莎，当女王了下火车走向她的马车时，一个名叫罗德里克·麦克莱纯的青年，就站在距她几码远的地方向她扣动了扳机。一个叫伊顿的男孩赶在枪响之前，用一把伞撞开了麦克莱纯的手臂。没有造成任何人员损伤，罪魁祸首也被当场逮捕。这是女王遇到的最后一次刺杀行动，前后总共有过七次，过去四十年里，不定隔多久就会发生一次，刺杀的手法都是一样的古怪。只有一次例外，其余的犯人都是青少年，其动机显然不是杀人，因为除了麦克莱纯之外，他们的手枪无一装弹。这些心情糟糕的年轻人，买来了廉价武器，装上火药和纸团，然后马上行动，明知自己当场就会被发现，还要对着女王那么咔嗒一下，这给心理学家出了一个难题。但是，尽管他们的行动和目的似乎都很相似，命运却非常不同。第一个刺客，爱德华·奥斯佛，是在维多利亚大婚数月之后向她开的枪，以叛国大罪接受审讯，而后宣告其有精神错乱之症，便押入疯人院监禁终身。然而，阿尔伯特似乎并不满意这个判决，因为两年后，当约翰·弗朗西斯也因此罪被起诉而受审时，阿尔伯特便声称，犯了这样的事，根本不是精神错乱的问题。阿尔伯特认为："这个卑劣的家伙并不是失去了理智，他就是一个彻头彻尾的恶棍。""我希望以最严格的程序来审判他。"显然，庭审确实严格进行了，不论出于什么考虑，陪审团的态度与阿尔伯特是一致的，精神错乱的辩护理由没有被法庭接受，弗朗西斯被定为叛国罪而判处死刑。但是，由于没有证据表明犯人具有蓄意杀人或故意伤害的动机，内政大臣和法官在长时间的商议之后，决定减刑，改判为终身流放。尽管这些袭击者没打算来真的，但根据法律规定，还是得定为叛国罪，他们的实际行动与其可怕的罪名之间反差之大，实在太过荒诞。而且很明显，陪审团清楚，一旦给出有罪的裁决，就意味要判处死刑，于是他们就想换一种裁决，判犯人无罪而只是精神错乱。表面来看，这显然是更加合情合理的解释。因此1842年通过了一项法令，任何企图伤害女王的行为属于轻罪，处以流放七年，或三年以下带苦役或不带苦役的监禁。犯此罪者将由法庭酌情处理，"施以公开或非公开的鞭刑，鞭打次数及形式均由法院裁定，不得多于三次"。随后的四次刺杀行动都按照这项新法令来办理。1842年，威廉·比恩被判处为期十八个月的监禁。1849年，威廉·汉密尔顿被判处为期七年的流放。1850年，罗伯特·佩特中尉在皮卡迪利大街上用手杖打了女王的头，便也被判处同样的惩罚。佩特与其他罪犯不同，他已经是个成年人了，还是名军官，打扮得像个花花公子，而且据阿尔伯特所言，"精神一定有问题"。1872年，亚瑟·奥康纳，一个十七岁的青年，在白金汉宫外手持一把未装弹的手枪对女王开火，他很快就被约翰·布朗抓住了，并被判处一年监禁，附加二十下鞭刑。正是因为在这次行动中，布朗表现得十分忠勇，女王便奖励了他那其中一枚金牌。这些案件的审理过程中，陪审团一概不接受精神错乱的辩解，但在1882年罗德里克·麦克莱纯的案子上，情况有所不同。在这起案件中，手枪已经装弹，而且这次致使群情激愤，因为维多利亚声望日隆、颇得人心，公众便尤为义愤填膺。也许是这一原因，或是出于其他考虑，废止了过去四十年的那套程序，麦克莱纯被判为叛国罪。结果似乎不难预料：陪审团做出了"无罪，属精神错乱"的裁决。囚犯被押入疯人院，至于多久，完全看女王大人的心情。不过这一裁决还引发了一件特别的事情。这让维多利亚十分恼怒，她无疑还记得，从前在奥斯佛案中，阿尔伯特反对过这样的判决。她质问道，陪审团说麦克莱纯无罪是什么意思？他的罪行昭然若揭，女王可是亲眼看到他扣动扳机朝她开枪。女王陛下的法律顾问向她解释英国法律的原则，即规定除非能证明一个人具有犯罪动机，否则不得对任何人做出有罪认定，这些话都是白费力气。维多利亚很不服气，她说"如果法律这么规定，那这它必须得改掉"，后来也确实给改了。1883年通过了一项法案，修改了精神病案件的判决方式，这让人困惑的反常案例被写入法典，一直保留到今天。

但是，一方面由于国民都对女王心怀同情，或怜悯或义愤，双方之间的距离便不断拉近，当然这还只是个开始，另一方面，还因为女王和国民在许多公共事务上也最终达成了密切而持久的共识，格莱斯顿先生的第二任内阁（1880—1885）频频失利，最终在一片狼狈中惨淡收场，自由主义在英国名声扫地。维多利亚颇感快慰地发现，现在有越来越多的臣民像她一样不信任内阁。在苏丹危机期间，她的想法与民意是一致的。她是最先要求远征喀土穆的人之一。当戈登将军惨遭杀害的消息传来时，也是她率先发声，领导了民众谴责政府的浪潮。她一怒之下，向格莱斯顿先生发了一封言辞谴责的电报，而且不再用往常的密码，而是明码。她在慰问戈登小姐的信中，抨击大臣们背信弃义，这封信后来四处印发。有谣传称，她召见了陆军大臣哈廷顿勋爵，把他痛骂了一顿。据说哈廷顿曾告诉朋友："她那样斥责我，像对待仆人似的。""她为什么不派人去找她的首相管家呢？"他的朋友问道。勋爵回答说："哦，在这种情况下，管家一般会设法避开。"

但到了那一天，"管家"再也无法逃避了。格拉斯通先生政坛失利，便辞职了。在最后一次会面时，维多利亚待他像往常一样客气。但是，除了在这种场合遵规守礼之外，她实际上只说了一句肺腑之言，就是建议格莱斯顿先生该好好休息一下了。他遗憾地记得，在1874年一次类似的觐见中，她还表达了对他这个王位拥护者的信任。不过，他看到女王不再信任他时也并不惊讶，随后他就在日记中写道："从那天起，她的思想观念就误入歧途了。"

这是格莱斯顿先生的看法，可大多数国民是绝不会认同他的。在 1886 年的大选中，他们为表对维多利亚政策的坚决拥护，把策划地方自治的人——这些亵渎神境者，逐出政治舞台，并拥护索尔兹伯里勋爵上台。维多利亚对此深感满意，她满怀憧憬，这份崭新而罕见的希望力量惊人，激励着她蓬勃向上。她的生活习惯突然间就发生了改变，她结束了长期的隐居生活，当年迪斯雷利苦口婆心地来劝，她听了也不过暂时露个面而已。如今她正意气风发地投身于各式各样的公众活动。她会见宾客，参加音乐会，检阅部队，主持奠基仪式，还主持利物浦万国博览会的开幕式。那天她坐在敞篷马车上冒雨驶过街道，道旁满是欢呼的人群，她走到哪里，欢呼声就响到哪里，她也非常激动，工作起来就更有热情了。她访问爱丁堡时，也一样受到了欢迎，甚至比在利物浦时更为热烈。在伦敦的南肯辛顿，她神采飞扬地主持了殖民地和印度博览会开幕式。这次典礼现场极其壮观，一阵小号齐鸣，宣告了女王陛下的出场，然后国歌奏响，女王坐在光彩夺目的黄金王座上，芳唇轻启，向代表的献词致以谢意。然后她便起身，以帝王的非凡气度走到台上，向欢呼的人群频频屈膝致意，展示出优雅而威严的仪态。

第二年便是女王在位的第五十个年头了，6 月隆重举行了盛大的周年纪念庆典。维多利亚身边簇拥着国家的最高政要，还有显赫的王公贵族伴驾左右，道旁是热情似火的首都人民，在他们的欢呼声中，维多利亚驱车前往威斯敏斯特教堂举行感恩礼。在这个举国欢庆的时刻，昔日的对手、反对的声音便都消失了。女王一出现，人们便发出欢呼的声音，将她尊为一国之母、伟大帝国的化身，受到这样双重的爱戴，她也报之以满满的深情厚谊。在这样简短的接触、振奋人心的场面之中，她明白，也感受到英国和英国人民是属于她的。此刻她的心中满是兴奋、慈爱、感恩和深重的责任感，还有无限的骄傲。此外，还有一种情绪，让她的心情更为丰富、感情更加强烈，是经历过漫长岁月后，那份最终的快乐。也许不是发自心底的快乐，不能令人开怀大笑，但不论如何，这感觉真切而强烈。她又变得快乐起来，久别重逢的感觉充盈着她的心房，一股暖流蔓延开来。漫长的典礼结束后，她又回到白金汉宫，有人问起她此行归来的感受，她回答"我累极了，但心里是很快乐的"。

第三节

　　一天的劳累与风暴过后，漫长的黄昏来临了，温柔，安详，闪耀着金色的光辉。在生命的最后阶段，维多利亚始终受人爱戴，心头一直笼罩着一股空前的成就感。她的胜利，是这个国家繁荣鼎盛的最佳标志。在维多利亚执政五十至六十周年的这十年间，国家迎来了繁荣稳定的辉煌时期，这是英国历史上还从未有过的佳绩。索尔兹伯里勋爵的英明决策不仅使得国富兵强，而且带来了社会稳定。社稷一旦稳定下来，紧接着便能看到盛世的来临。维多利亚的生活自然也跟着安定下来，因为她也是这盛世的一员，近似于社稷的顶梁柱，是一个不可撼动的部分。如果国家是一座大厅，那她便是一方华丽的餐具柜，固定在地上，永远不会移动。要是她这顶柜子不在，1890年的这场盛宴便毫无特色可言。那些排列整齐的菜肴，一览无余的食物，还有它们背后稳重而迷人的女王陛下，多半就无缘得见了。

她渐渐完全习惯了现在的生活，和周围的环境、身边的人越来越融洽。不知不觉中，阿尔伯特渐渐退出了她的生活。她并没有忘记他，不可能忘记的，但他离世后，她怅然若失的状态减轻了不少，直到很少看到她再难过。最后，看到坏天气，维多利亚也会抱怨起来，第一反应不再是想起"亲爱的阿尔伯特总说：我们不能改变它，而是要顺其自然"。她还可以好好地吃一顿美味的早餐，不需要再根据"亲爱的阿尔伯特"的口味来进餐。而且，随着这个人的消失，维多利亚必然要重新找回自己。多年来她都在围绕着一个外人旋转，现在终于改变了轨迹，开始关注自我。她必须这么做：她在王室中的角色，她肩上的繁重公务，还有她强烈的责任感，都让她别无选择。她找回了自我，表达出自己的想法。她日渐高寿，周围的人本就对她愈发顺从，她还展露出性格中最为强势的一面，不达目的誓不罢休，就这样她控制了一切，不论是在朝堂之上还是宫廷之中，她都能随心所欲。

渐渐地，人们注意到阿尔伯特死后，他在世时定下的一整套规矩在慢慢瓦解。宫廷中严肃的守丧气氛也逐渐和缓。当女王和那位苏格兰高地人乘敞篷马车穿过温莎园时，照管孩子的侍女们正热切地检查着孩子的帽子，那孩子微微垂首，露出一顶嵌黑玉的帽子，议论着帽子上的那块紫色天鹅绒的大小。

家里才是维多利亚说话最有分量的地方。她的所有子女全都成了婚，很快便儿孙满堂，孙辈中也有不少人结婚了，她离世之前，已经有了三十七个曾孙。当时留下了一幅画像，是整个皇家的集体像，以温莎的某一间大屋子为背景，五十多个人拥簇着他们的女家长。她有力地管束着他们所有人。最年幼的孩子遇到的一点点小事，她也极为关心，而那些最年长的，她依然当作小孩子一样对待。威尔士亲王尤其害怕自己的母亲，她一向不许他参政，一点都不准他掺和进来，他打发时间的方式其实还有很多。不能否认，不在她跟前的时候，亲王过得很快乐。但是只要在那厉害的母亲面前，他旺盛的男子气概便可怜巴巴地萎缩起来。有一次，在奥斯本的宴会上他迟到了，错并不在他身上，但有人看见他站在柱子后面，擦着额头上的汗水，正拼命给自己打气要去见女王。最终他也做到了，她面无表情地朝他点了点头，随即他便退到另一根柱子后面，在那里待到宴会结束。这件事发生时，威尔士亲王已年过五十岁了。

不可避免的是，女王的家事偶尔会关涉一些外交事务，她的大女儿、普鲁士王妃所遭遇的危机就是个很明显的例子。王储持自由主义观点，受妻子影响很大，于是这对夫妇就都被俾斯麦视为了眼中钉。俾斯麦曾公开诽谤道，这个英国女人和她的母亲，在普鲁士是个祸害。老国王去世后（1888），王储继承王位，君臣不和愈演愈烈。一件家庭纠纷引发了严重的危机。新王后把一个女儿许配给了巴登堡的亚历山大王子，而亚历山大因为得罪沙皇，刚被赶下保加利亚的王位。维多利亚同新王后一样，非常赞成这门亲事。在亚历山大王子的两个兄弟中，年长的那位娶了她的另一个外孙女，而年少的那位则是她女儿比阿特丽丝公主的丈夫。她对这个英俊的年轻人很是中意，欢喜地期待着第三个弟兄，她觉得他是三兄弟中最英俊的，也要成为她的家人了。然而不妙的是，俾斯麦反对这件婚事。他认为，德意志与俄国之间的友谊会因此受损，也对他的外交政策非常不利，因此他宣称这门亲事绝无可能。紧接着，王后和大臣之间又开始了激烈的斗争。那些反对女儿婚事的人，维多利亚恨得咬牙切齿，她也来到夏洛登堡，加入了战局。俾斯麦嘴里一边衔着烟斗，一边不时地饮上一口小酒，鼻腔哼哼着警告她不要插手。他说，英国女王显然有其政治意图，她想离间德俄两国的关系，她很可能会独行己见，"在家庭事务上，她很少遇到阻挠"，她会"把牧师装进旅行袋里，新郎放在行李箱中，然后就可以随时随地举行婚礼了"。这个铁腕人物可不会轻易认输，他要求和女王进行一次私人会谈。他们的谈话细节不得而知，但可以肯定的是，在会谈过程中，维多利亚一定是受到了什么威胁，才看清了跟这个可怕人物作对意味着什么，另外她也一定当场就做出了承诺，答应尽其所能来阻止这桩婚事。婚约解除了；第二年，巴登堡的亚历山大王子娶了达姆施塔特宫廷剧院的演员罗荪格小姐。

但这样令人苦恼的事情也极少发生。维多利亚更加苍老了，既然不再有阿尔伯特在一旁指导，也没有比肯斯菲尔德给她鼓气了，她还不如把棘手的外交难题都交给睿智的索尔兹伯里勋爵去处理，自己则集中精力做好手头的工作，管好自己该管的事。她的家、官廷、巴慕乐的纪念馆、温莎的家畜、日程安排、日常监管，如今这些事情，占据了她越来越多的时间和精力。她每天的生活都安排得十分细密而紧凑。每一分钟都要事先规划，会谈次序雷打不动，出行的日子，不论是去奥斯本、巴慕乐，还是去法国南部、温莎、伦敦，年年一样，很少改期。她要求身边的人在一切小事上都要精益求精，她有着异乎寻常的敏锐，稍有差池，她就能察觉到。这便是她身上无人能阻挡的强大力量，要是不对女王言听计从，那什么事都别想做成。但偶尔有人不守时，这可是个十恶不赦的罪名。然后，她就会生气，她生气起来是很可怕的，你就会看到她一脸的怒容。在这种时候，说她是军纪官的女儿可是一点不为过。

虽然处于这种雷霆万钧之势下，人们总是心惊胆战，但很快就过去了，而且这种情况也越来越少了。年迈的女王又快乐起来，流露出一股慈祥之气。从前，她总是满面愁容，极少微笑，如今笑容在她的脸上轻松地绽放开来，那双蓝眼睛里，流光溢彩，她不再是一脸漠然，一下子变得光亮照人、温婉柔和起来，有着令人难忘的魅力。在生命的最后几年，维多利亚待人和蔼可亲，风度迷人，在她朝气蓬勃的青春时代都没有过这样的魅力。她身边的所有人，或者说几乎所有人，都对她十分着迷。孙子们崇拜她，侍嫔们虔诚地侍奉她。为女王做事便是一种荣耀，所有的困难都不再是问题，官廷生活的单调乏味，久站的疲惫，对细枝末节的仔细小心。一个人能从事这样了不起的工作，纵使在温莎长廊上双腿酸痛，纵使在巴慕乐的严寒天气里，裸露的手臂冻得发青，也毫不在乎。

最重要的是，女王是如此贴心地关怀着身边的这群人，因此，他们才乐意为女王做事。她喜欢说些让人舒服的客套话，解决一些小矛盾，安慰那些多愁善感的人，她对家庭事务太热心了，还想再去关心更多人。她的家族已经很庞大了，但还是不够。她对侍嫔们的家事也很热心，成了她们的密友。她还同情起宫中的仆人来，甚至对宫女和厨役，她也会问些家长里短，很替他们忧愁，要是有谁的心上人被派往异国他乡，或是谁的姑母受尽风湿病之苦，她便更加担忧了。

虽然如此，该有的尊卑等级还是一点都不能破坏。只要有女王在，就能保持尊卑有序，而且，朝堂礼仪高于一切。那法典对礼节的规定十分繁复，墨尔本勋爵在沙发上还得正襟危坐，圆桌上的其他来客，要以尊卑位份依次落座，个个敛声屏气，这些严格的礼仪依旧在执行。每日傍晚，晚宴过后，炉边那块女王专用的地毯，闪耀着逼人的光华，赫然出现在凡人面前。有过一两次，臣属们踏上了女王的地毯。女王看他们靠近了，便适时向他们走去。他们依次到她面前来，一个接一个地谈话，个个都很紧张不安，这时其他人便一动不动，默默地立在那里。只有一种例外，规矩可以不再那么严格。维多利亚在位期间，大多时候大臣都必须站着听女王讲话。德比勋爵，贵为首相，在大病初愈时觐见了女王，女王道："我不能赐座，实在抱歉。"事后，这话在他口中，便成了女王宠幸他的证据。接着，迪斯雷利在一场痛风症之后面圣，那时恰好维多利亚兴致很高，便赐座给他，不过他觉得还是谦卑一点，谢绝这项特权为妙。不过，女王晚年时，便对格莱斯顿先生和索尔兹伯里勋爵一视同仁，一律赐座了。

晚间时候，大家都有些沉闷严肃，有时女王就会用一场音乐会，或是歌剧，甚至是一出戏剧来活跃一下气氛。维多利亚已从孀居的约束中解脱出来，一个最明显的标志就是她又恢复了中断了三十年的演出惯例，再次将戏班子从伦敦召到温莎，为满朝文武表演戏剧。这时候，她总是兴高采烈。她热爱表演，喜欢精彩的故事情节，她最爱的是滑稽戏。舞台上发生的一切都让她着迷，她的心情随着情节的展开而起伏，像孩子一样天真。有时，她又一副洞察一切的模样，结局一揭晓，她便得意地喊道："看！你没有料到会这样，对不对？"她很有幽默感，虽然令她开怀大乐的常是些幼稚的玩笑。没有多少人能领会阿尔伯特的幽默，她倒是难得的一位，而且，笑话都讲完了的时候，她还是大笑个不停，在家的时候，她私下里会拿那些小事取乐，某位大使的古怪之处，或是某个无知大臣出了丑。有时俏皮话讲得微妙一点，她就不太能乐起来了，但是，若是玩笑开过火，那可就有危险了。一旦言语放肆，女王马上厉声斥责，在她面前出言不当，就是最为严重的放肆之举。然后女王便嘴角一垂，两眼一瞪，事实上，女王的这副表情是极为可怕的。说错话的人便哆嗦着不再出声，同时女王来了一句可怕的"我们不觉得好笑"，全场一片寂静。事后，女王会对自己的贴身随从评价道，那个人怕是"太放荡不羁"了，女王的这个判语他根本无处申冤。

通常情况下，她的审美取向还是门德尔松、兰西尔、拉布拉什时代的老一套。她依旧喜欢意大利歌剧中的急速演奏，依旧要听高水平的钢琴二重奏。她对绘画的要求十分明确，她认为艾德文爵爷的画作完美无缺，她还很欣赏莱顿勋爵的绘画风格，对瓦茨先生的水平则深表怀疑。她时常命版画家为王室成员绘制画像，还要将第一稿呈给她过目，她细细审阅之后，便向画家指出问题所在，同时也告诉他们如何修改。画家们总会发现女王陛下的建议极有价值。她对文学的关注较为有限。她主要爱读丁尼生勋爵的作品，另外，因为阿尔伯特曾称赞过乔治·艾略特，她便细读了一下《米德尔玛契》，结果令她很失望。然而有一点可以相信，还有另一位女作家的浪漫传奇，不仅在女王陛下的底层臣民中广为传阅，也受到了女王陛下的嘉许。除此之外她就没读过多少书了。

不过，有一次，一本书刚出版就吸引了女王的注意，她不可能错过这本书的。《格兰维尔回忆录》一书由里维先生编辑出版，书中有很多极其重要的史料，也还有些对乔治四世、威廉四世以及其他王室中人的描述，毫无称许之意。维多利亚读后十分震惊。她声称，这是一本"可怕而不道德的书"，当她看到格兰维尔"对朋友出言不逊、忘恩负义，对君主不忠不义"时，她"惊骇、愤慨"之情难以言表。她写信告诉迪斯雷利，她认为，"当务之急乃是要把此书严加批判一番"，她又说道："他谈及君主时，言辞不敬，从未有过这样的事，这一点尤其要谴责。"她对里维先生出版"这样一本糟糕的书"几乎是一样愤怒，她还命亚瑟爵爷将她的不满转达给他。可是里维先生很固执，亚瑟爵爷告诉他说女王认为"这本书侮辱了君王"，他回答道："根本没有，这本书中，今昔对比之下反倒更凸显了君王的圣明。"他机敏的辩护没有打动女王，里维先生告老还乡时，没能得到该有的爵爷封号。或许，要是女王知道了里维先生曾经默不作声地删去了那本回忆录对她本人的讥评，她大概就要感谢他了，可这样一来，她又会怎么评价格兰维尔呢？实在不堪设想。若是碰上那些谈论同样话题的新式文章，女王恐怕都会贴上"放荡不羁"的标签吧。

不过一般来说，忙碌过后的闲暇时光里，她都会去进行些不像文学研究、艺术欣赏一样抽象的娱乐活动。维多利亚不但家财万贯，还有无数奇珍异宝。她继承了无数的家具、摆件、瓷器、餐具以及各种珍贵的物品，她在这漫长的一生中购置的东西也是数量惊人，此外世界各地又源源不断地送来礼物。这么一大堆东西，她一直在精心地管理、安置、思量，一切细节都考虑到了，她感到十分心满意足。收集物件是人性最深处的本能，在维多利亚身上，这种本能主要有两个来源，她一向就有的强烈自我意识，还有一份渴望，想要安定而可靠的生活，渴望树立一道抵御岁月和变故侵袭的屏障，这个愿望随着年岁的增长而愈加热切，到了老年更令她心醉不已。当她思量着自己那无数的珍宝，或者直接随心挑出几件，真真切切地欣赏它们各不相同的丰富魅力，她从无数器物的表面看到了自己的影子，感觉自己在一个无边的世界中被放大了，她便兴奋起来。本当如此，可她转念一想，又不高兴起来，一切都会逝去、破碎、消失不见，塞夫勒的餐具会碎的，就算是金盆也会无缘无故地坏掉，甚至是一个人，靠记忆、经历而存在的人，也会变化、死亡、解体的……但不可以！不能，也不应该这样！不要有变故，不要有失去！什么都不要变，过去、现在都不行，尤其是她自己！于是，这个固执的女人，将她的珍宝收藏起来，铁了心要命令它们必须永垂不朽。一段记忆、一枚细针她都绝不会失去。

她下达命令，不准丢弃任何东西，确实东西都还在。你看，那一个个抽屉、柜子里放着的，是她七十年来的衣物。不止这些衣服、皮袄、斗篷、小花边、皮手筒、阳伞、女帽，全部以年代为序，依次摆放，还标明了日期，一切信息都很完备。一座大橱柜专用来放玩偶，温莎的瓷器室里专有一张桌子，摆放她童年用过的杯子，还有她孩子们的杯子。往日的纪念品密密地累积着，在她身边放得满满当当。每一间屋子的桌上都堆着亲友的照片，墙壁上挂满了他们不同年纪时候的画像，他们的塑像，有的用质地坚硬的大理石雕刻而成，矗立在台座上,有的是用金银铸成,在支架上闪闪发光。逝者,以不同的形态,袖珍画、瓷器画、真人大小的油画,永远陪在她左右。约翰·布朗成了一尊坚固的金像,立在她的书桌上,她最爱的马儿和狗挤在她脚边,获得了新的不朽。夏普的镀银塑像俯视着整个餐桌。博仪和博兹的青铜塑像一起躺在永不凋谢的花丛之中。仅仅是把过去的点滴铸成坚固的金属或大理石雕塑,她依然不够满足。所有收藏下来的物品的摆放、安置,要和物品本身一样一如既往,固定不变。可以添置新物件,但决不可以更换旧物件。每条印花布、每张地毯、每条帷幔都不可替换,有时,如果用太久,最后非换不可了,那必须要依按原来的材质和样式来仿制,相似到再敏锐的眼睛也看不出差别。在温莎,墙上不能再挂任何新画,因为墙上已经有了阿尔伯特亲自挂好的画,他的摆放要永远保留下去。所以,维多利亚对物件的安置也是如此。为保持它们的样子,相机还派上了用场。女王的每个物件都从不同角度拍成照片,然后交由女王陛下仔细过目,她同意后便放入一套精美的相册簿中。而后,在每张照片背后都做一条目,注明此物及其所在房间的号码,在房间内的确切位置以及它所有的主要特征。经过了这般处理,每件物品的命运便就此确定下来,不再改变。所有的东西的位置,一次就固定下来。维多利亚身边总放有一两大本目录供她去浏览,她时而思量着,时而也跟别人谈起,她有种双重的满足感,感到人世间那些转瞬即逝的东西已为她强大的力量所束缚、留住了。

因此，收藏的欲望不断加强，不断侵入新的意识当中，牢牢扎根到她的本能深处，成为主宰这个神奇人物的力量之一。这不只是一种物品与思想的采集，更是一种心理状态和生活方式的记录。各种周年纪念日也是她要留念的一部分，生日、结婚纪念日、忌日，各自需要表露不同的感情，而这些感情还要通过不同的方式表达出来。当然，这种表达方式，像庆典或哀悼仪式，也和其他事物一样有固定程式：这也是她收藏中的一部分。譬如，某个特定日子，必须在约翰·布朗巴慕乐的墓碑前撒下鲜花，事成之后才能定下每年启程去苏格兰的日期。这些收藏都与死亡有关，死亡是人生无常的最后一次见证，于是纪念的欲望必然最强烈。如果一个人时常回忆很多，若他能充满热情地坚信爱的永恒，不是就能战胜死亡吗？因此，维多利亚就寝的每一张床上，在床背或是右侧，枕头上方，总有阿尔伯特长眠后的半身遗像，顶上是一圈万年花环。在巴慕乐，回忆总是来得很多，唤起记忆的标志放眼皆是。方尖碑、金字塔、圆冢、塑像、石堆、带铭文的花岗岩基座，都是维多利亚对逝者的供奉。在这里，女王每年会来两次，到达后再过几日便要举行一次视察与沉思的庄严朝圣礼。这里，每年8月26日，阿尔伯特的诞辰，女王和她的家人、廷臣、仆人、佃户聚在他身着苏格兰高原服装的青铜像脚下，默默举杯，悼念逝者。在英国，各种纪念物也出现了不少，每一天，都有新的花样，譬如吹笛人鲁斯的镀金小雕像，还有维多利亚和阿尔伯特的大理石合雕，真人大小，二人都穿着中世纪的服装，基座上还刻有铭文：
"向往更光明的世界并做引路人"，还有一块奥斯本灌木丛
中的花岗岩石板，告诉游人："瓦尔德曼：维多利亚女王最爱
的小猎犬；1872 年 4 月，自巴登与女王同归；死于 1881 年
7 月 11 日。"

弗洛格摩尔的那座高大的寝陵还在不断建设之中，女王
在温莎时，几乎每天都来视察。然而另外还有一处更为隐蔽
但却同样神圣之地。阿尔伯特在温莎堡住过的那套房间，除
了那些最有特权者，任何人都无缘得见。房间内一切如旧，
保留了阿尔伯特在世时的模样，不过女王出于早先的神秘信
仰，下令每晚都要给丈夫重新铺床，还要每晚准备好一盆水，
仿佛阿尔伯特依然在世，这一不可思议的仪式严格执行了近
四十年。

她心中对阿尔伯特崇拜如斯，她也表里如一，每日不辞
劳苦地工作，便是女王忠于职责、献身逝者遗愿的方式。然而，
数年之后，自我牺牲的精神一点点退去，她天生的旺盛精力
便都用在了公共事业上，也带来些成就感。她爱做公务，这
兴趣在少女时代便有了，而后更是热情满满，到了晚年，再
让她远离卷宗和公文匣，她不会感到轻松，而是会痛苦。因
此尽管劳苦的大臣们会叹气、叫苦，政府工作从头到尾却都
要过她那一关。不止如此，按照以往惯例，大量公务得经女
王亲手签字才能生效，于是女王工作起来，大多数时候是在
做这样的机械事务。她也没有要降低工作量的意思，相反，

她还自告奋勇，要恢复军衔委任书的签署工作，这已经被国会豁免，她从中年时期就不再履行了。她从不用图章来代替签字。不过到最后，公务越积越多，已经无法再度拖延下去，她只得接受以口头批准的方式处理某些文件。每张公文都会大声读给她听，读到最后她会说："照准"。常常她一坐就是几个小时，面前就是阿尔伯特的半身像，每隔一段时间，她的唇间就吐出两个字"照准"。这两字发音响亮，带着女王的威严，因为她这时的声音与少女时代银铃般的高音是如此不同，是种女低音，饱满又有力。

第四节

　　最后几年，她被奉为神明般的人物。在臣民们眼花缭乱的想象中，维多利亚在一片最纯净的光辉中飞升成仙了。所有批评都销声匿迹。她那些缺点，在二十年前可是人们都公认的，如今大家也都不放在心上了。这位国民偶像并非一个完美的国家代表，尽管很少有人这么认为，但这却是不争的事实。自 1837 年至 1879 年之间，英国发生了巨大改变，然而这似乎并未对维多利亚的生活产生任何影响。在这一时期，工业迅猛发展，阿尔伯特很清楚它所带来的深刻影响，不过维多利亚却毫无察觉。科学取得了惊人的进步，对此阿尔伯特同样十分关注，维多利亚则毫无兴趣。她的宇宙观，对人在宇宙中地位的理解，对自然、哲学领域中的重大议题中的观念，都终身未变。她的宗教观，是向莱纯爵士和肯特公爵夫人学习来的。在这个问题上，人们也许会认为阿尔伯特的观点大概曾对她有所影响。阿尔伯特在宗教事务上的观念很进步，他完全不信会有恶鬼存在，他本就对加德伦猪群的奇迹有所怀疑。史多克玛在一份威尔士王子教育备忘录中甚至建议，孩子"毫无疑问必须按照英国国教的信条来教育成人"，虽然如此，但也不妨与时俱进，在教育内容中摒弃"超自然的基督教义"。这个要求未免有些过分，所有王室子女依旧在完全正统的观念下培养长大。尽管维多利亚本人的观念并非完全正统，但要放弃这样的教育方式还是会让她不快。维多利亚生来就缺乏想象和妙悟，面对美国圣公会那种难以理解的狂热，她就会自然地躲开。苏格兰长老会信仰简单，最令她感到亲切、自在。这本来也不难料到，莱纯出生于路德教派的牧师之家，而路德派和长老会有很多共同之处。多年以来，诺曼·麦克劳德博士，一位老实的苏格兰牧师，一直担任她的首席宗教顾问，他去世之后，她又同巴慕乐村民聊了一些有关生死的话题，从中获得了很多慰藉。她所虔信的东西，至真至诚，像老约翰·格兰特庄重的规诫、P. 弗格森太太虔敬的格言，她所相信的都在这里了。她十四岁时很钦佩的那本切斯特斯主教的《马太福音评注》一样，这些信条"简单易懂，满是真理和美好的情感"。女王虽然以她的名字命名了穆勒和达尔文时代，但也就到此为止。

维多利亚距离当时的社会运动同样十分遥远。事无大小，她都不肯接受任何改变。从她的青年到中年时代，上流社会一直是禁烟的，她的厌恶一生都不会改变。即使国王抗议，哪怕请到温莎来的主教和使节只能藏进卧室，坐在地上对着烟囱吞云吐雾，禁令也照旧施行！人们也许会觉得，一位女君主会支持那个时代所催生的最重要的一项变革，妇女解放运动，然而事实相反，稍一提起，她就气得不得了。1870年，她看到了一份维护妇女选举权的集会报告，她龙颜大怒，给马丁先生写信道："我立刻要召集一切能言善写之人，合力声讨这句疯狂、邪恶的'女权'口号，阻止其可怕的后果，我等柔弱的女同胞居然一心埋头于此，全然忘记了妇女的天性与本分。某某女士真该好好抽上一鞭。上帝把男女造得各不相同，他们就应各守本分。丁尼生的《公主》一诗中有一些不错的诗句，讲到男女之间的不同，女人要是没了女性特征，就会变成人类中最可恨、无情又讨厌的人，男人怎么还会想要保护柔弱的女人呢？我相信会得到马丁夫人的赞同。"女王的看法是不容辩驳的，马丁夫人赞同了，可是社会问题却扩大了。

另一方面，女王对时代精神的理解也一直坚持不变。长期以来，彬彬有礼的史学家、政客们总是恭维女王能尊重宪法。然而美誉之下，其实难副。维多利亚晚年时不止一次说起她在侍嫔危机中的所作所为，十分后悔，以此来说明自那以来她睿智了不少。可事实上在其一生之中，不论是她的法律观念，还是处理法律问题的做法，都很看不出什么大的变化。在与皮尔谈判时她霸道、独断，致使谈判破裂。后来依旧是这样一副脾气，她敌视帕默斯顿，对迪斯雷利以退位相逼，企图起诉威斯敏斯特公爵参与声讨保加利亚暴行的集会。

她的智力还理解不了那些复杂细微的宪法原则，而她在位期间，并没有为宪法的发展做出过贡献。从 1840 年至 1861 年，英国王权逐年加强，自 1862 年到 1901 年，王权则在步步衰退。阿尔伯特促成了前一段时期的发展，后一阶段主要为一系列朝中重臣影响所致。第一个时期，维多利亚实际上是个次要人物，第二个时期，阿尔伯特苦心掌握的权力网，到了她手中不免就要落于格莱斯顿、比肯斯菲尔德和索尔兹伯里手中。或许是因为她只关心日常琐事，不细作轻重缓急之分，便无法清晰感知到时代的发展。她在位的最后几年，王权衰退到有史以来最弱的地步。荒谬的是，维多利亚却因接受了一项政治改革而极受称许，若她能真正明白此项改革的意义，怕是会相当不快。

虽然如此，千万不要以为她是另一位乔治三世。她虽说十分霸道专横、随心所欲，还是会让一些老练的人制住。她虽然和大臣对着干，对辩解与请求置若罔闻，而且一旦下了决心，固执起来，谁都挡不住，可是，临到最后一刻，她便会让步。她对工作有种与生俱来的热忱，处理起来也很有天赋，或许还有一点，由于她时常记得阿尔伯特行事谨慎，不走极端，她便也跟着避开了死胡同。她可以本能地感到，在某些事情面前，自己是无能为力的，然后她总会做出让步。说到底，她还有什么法子呢？

但是，女王与她的时代虽然是如此格格不入，二者之间却依然有很多联系。维多利亚很清楚权力和财富的意义与魅力，这个道理整个英国也十分明白，而且应用起来愈加娴熟。她在位的最后十五年里，1892年的自由党内阁不过是个短暂的插曲，帝国主义乃是这个国家的主要目标，同样也是维多利亚的目标。若是没有其他目标，她便会沿着这个方向思考。在迪斯雷利的指导下，她对英国的海外领地兴趣大增，东方尤其令她着迷。每当想到印度，她就心驰神往，她认真学了一点印度官话，收了几个印度仆人，他们跟在女王身边，总是寸步不离，其中一位孟什·阿卜杜拉·凯里姆后来接替了约翰·布朗的位置。同时，国家的帝国主义追求为她的王位又添了一层意义，这与其性格深处的癖性十分一致。英国政体的主要结构特征一目了然，但有一处超出了常识的范畴，一般的标准和规矩在这里不适用。我们的祖先十分睿智，这样安排便可以对人事中无法根除的神秘性加以利用。英国政体的神秘之处自然是集中在那顶王冠之上，这王冠之中蕴含着悠久的历史、神圣的故事，庄严而壮丽。但是，近两个世纪以来，国之大厦已经为常识的理性力量所主宰，那个小小的角落还不曾有人勘探过，也没人能够解释，很少有人关注过。而后，随着帝国的崛起，便有了变化。帝国主义是一种信仰，也是一项事业，它发展壮大的时候，英国人的生活里也增加了一些神秘性，同时，王冠便被赋予了一层新的重要意义。要有一种象征，象征着英国的权势、财富和非凡而神秘的使命，这一需要空前迫切。王冠便是那种象征，正戴在维多利亚的头上。因此，她执政的最后一段时期，君权明显削弱了，可君主的威望却大大提高。

这份威望不仅是国家发展的结果，很大程度上也和维多利亚本人有关。维多利亚是英国女王、印度女皇，也是整个国家机器运转的中枢——可是她的角色远不止这些！譬如，她高寿，这是在英国获得欢迎所必须的条件。她体现了这个民族一项最受人尊敬的特质，蓬勃的生命力，她执政已六十年，而且还会继续下去。此外，她很有个性，特征十分鲜明，即使透过笼罩着她的重重雾霭，依然清晰可见。她熟悉的形象轻易就给人留下了独特又难忘的印象。而且，这样的形象自然而然就会唤起众多国民的敬意与关心。在诸多美德中，他们最看重善良，而维多利亚十二岁时便立志做一个善人，她的确做到了。责任、良心、道德。是的！女王一直向着高高的灯塔，在理想的光芒中前进。她每天的生活都在工作中度过，而不曾享乐，她背负着社会责任，承担着家庭义务。多年前在奥斯本，当她还沉浸在天伦之乐里，便有了一套坚定的道德标准，此后便从未降低过。半个多世纪以来，还没有一位离过婚的女人靠近过宫廷。维多利亚的确极为坚持妇道贞洁，还定下一条更加严苛的律令：她相当厌恶再婚的孀妇。不过她本人就是一名再婚孀妇所生，这样来看她的禁令不免有失偏颇，不过，毫无疑问这种偏向并无过错。严守三重尊严的中产阶级，对这样一位无比可敬的女王十分满意。他们几乎要把她当作自己人了，不过这认同是有些夸大了。因为，虽然她的许多特点与中产阶级不谋而合，但在其他方面，比如她的举止，显然是一副贵族气派。还有一点尤为关键，她非贵族亦非中产阶级：她仅仅以君主的方式行事。

这些性格特质十分鲜明，而且极为重要，不过使她真正产生影响力的是某种更深层的特质，它是所有这些特质的基础，也包含在这些特质当中。维多利亚身上这种潜在的特质很容易辨识：这是一种独特的真诚。她坦率、专一、情感丰富而任其流露，这都是这一中心特质的不同表征。正是这份真诚，她才那么令人难忘，充满了魅力，甚至有时是可笑的。她将生活中的一切都事无巨细地展示出来，从不遮遮掩掩，无论对人还是对己。她整个人都在那里，英国女王，完整而清晰，任由世人瞻仰或是遗忘，她再没有什么可展示，也再没有什么要去解释，或是修正的了，就这样，她驾着那举世无双的马车沿着自己的道路飞驰而去。而且她不止无所隐瞒，就连沉默、含蓄，甚至威严都可以舍弃。正如李特尔顿夫人所言："她真诚起来就像是透明的，她在讲述感觉和事情时一点都不夸大，这样的人相当少见。很多人虽说也算真心，但我觉得他们依然有所保留。她却什么都说，是什么便说成什么，不添油加醋。"她什么都说，也什么都写。她写信，文字喷涌而出，像打开的水龙头一样滔滔不绝。内心的一切瞬间倾泻而下。她那不加文饰的风格至少有一个好处，能准确表达出她的思想感情，而且这种平淡的表述甚至还带有一种独特的味道。她无疑是用文字打动了民众。她那本《高原日记》公开了她的私人生活，文风平淡，既无矫揉造作也毫无忸怩之态，她还不时在报纸上发表一些醒目的致国民书，这些确实拉近了与国民之间的距离，他们在不知不觉间就为维多利亚的真诚所吸引，也有所回应。这的确是一种惹人喜欢的品质。

此外，个人与地位，它们奇妙地混为一体，也许是最后一种迷人的特性。人们时常看到这位小老太太，满头银发，一身朴素的丧服，有时坐在轮椅中，有时又在驴车上，紧随其后的是一脸惊奇、神秘、威严的印度仆人。人们常能看到这般场景，真是令人赞叹。然而时候一到，这位温莎的寡妇便踱步而出，威严的女王就会赫然出现。最后一次这样的场合是1897年女王登基六十周年的庆典，那也是最为辉煌的一次。当时，壮观的仪仗队缓缓前进，护送维多利亚穿过拥挤欢闹的伦敦街道，前往圣保罗教堂行感恩礼，她伟大的王国、崇敬的臣民一同发出了光芒，她满含热泪，人群在她身边欢呼，"他们待我多好！他们多好！"她一次次重复道。她当晚的讲话传遍整个帝国："我向我挚爱的臣民致以衷心的感谢。上帝保佑他们！"漫长的路程接近尾声。这位旅人，不远万里而来，体验了种种神奇，迈着老去的步伐，依然坚定前行。她从少女到为人妻子，最终成了老妪，不变的是一身的活力、满心的责任感、骄傲和率真的性格。

Charpter X

第十章　尾声

日暮时分，万物都镀上了一层金色的光辉，然而这一天终究要结束，在云翳漫天、暴风骤雨中收场。大英帝国野心勃勃，卷入了南非的战争。经过一次次战争的失利和挫败，全国上下都动摇了，怀疑起战争来。女王对民众的情绪十分关切，她也感受到了民众的沮丧。不过她依旧斗志昂扬，她作战的勇气和胜利的信心，从未有过片刻动摇。她全身心投入这场战争，工作起来精神百倍，她密切关注着战况，动用一切权力为这项国家事业服务。在 1900 年 4 月，当她八十一岁高龄时，她做出一个不同寻常的决定，取消了在法国南部每年一度的访问，改去爱尔兰，那里为前线军队提供了大量的兵源。她在都柏林待了三周，常常不听劝告，不带一个护卫就驱车上街，这次访问全程都很顺利。但是，这期间她第一次出现了衰老的迹象。

战争引起了长期的紧张和不断的焦虑，这最终给维多利亚的生活带来了一系列显著的影响。维多利亚生来体格强健，虽然她心情低落时，偶尔会觉得自己身体虚弱，实际上她一生都很健康。到了晚年，她得了风湿性关节炎，便不得不使用手杖。到了最后，她又坐上了轮椅。除此之外，她再没生过什么病了。直到 1898 年，她出现了早期白内障的症状，视力开始下降。在那之后，她发现阅读越来越吃力，不过签字还是无碍的，而且勉勉强强还能继续写信。然而在 1900年的夏天，她出现了一些更加严重的症状。记忆力是她长期引以为傲的东西，她总能记得又快又准，如今她却时常遗忘，还说不出话来，似乎要得失语症了。虽然没有诊断出什么确切的疾病，但到了这年秋天，她的整个身体都有了衰竭的明显迹象。然而，即使在生命的最后几个月里，她依然保持着钢铁般的意志。日常工作进行如故，不，实际上她做得反而更多了，因为女王非常固执，一定要与战争中越来越多的受害者亲自通信。

到了年底，她的身体还是不断衰弱下去，最后一点力气似乎也所剩无几了。刚迈入新世纪的那些日子，能明显看到，她衰弱的身躯仅仅是依靠意志力在维持着。1月14日，她在奥斯本与罗伯茨勋爵进行了一小时的会谈，几天前勋爵刚从南非战场上胜利归来。她热切询问了战争的一切经过，并努力支撑着身躯，似乎可以坚持下来，然而这一小时过后，她就垮了下来。第二天，御医判断她的身体已无好转的可能，尽管如此，他们还是坚持不懈地努力了两天，她在英国女王的位子上又工作了两天。但自此之后，她的工作就永远停止了，直到那一刻，她最后的希望才最终破灭。她的大脑不断地衰竭下去，生命在一点一滴流逝。家人都聚在她身边，她又在人世间逗留了一会儿，什么也没有说，显然已不省人事。1901年1月22日，她离开了人世。

最后两天里，女王时日不多的消息公之于众，全国上下都陷入震惊与悲痛之中，似乎天要塌下来一般。绝大多数臣民从未想过会有这么一天，女王再也不能统治他们了。她已融入他们的生活里，无法分离了，他们怎么都想不到女王会离他们而去。当女王双目紧闭、一言不发地躺在那里，照顾她的人以为她已经陷入昏迷，失去意识，悄无声息地沉入一片空白之中。可是，也许在大脑的密室中，她依然在思考。也许，在她不断退化的大脑中又浮现出往昔模糊的记忆，将那消逝的漫长人生做一次最后的回顾。她不断地向前追忆，穿过一层层岁月的云翳，回忆起一件件久远的往事。她回忆起奥斯本春日的树林，开满了比肯斯菲尔德勋爵最爱的迎春花，回忆起帕默斯顿勋爵的奇异装束，还有他那副高傲的模样。她想起阿尔伯特在绿色台灯下的面孔，他在巴慕乐第一次猎得的牡鹿，他一身蓝银制服的英姿；还记起男爵从门口迈进的场景，记得在温莎时，乌鸦在榆树上嘎嘎地叫着，树下的梅勋爵正神思恍惚，记得坎特伯雷大主教在黎明时分跪下祈祷，还有老国王火鸡似的大叫，想起她在克莱蒙特时利欧波德舅舅的温声细语，还有莱纯和那些地球仪，又想起母亲帽子上的羽毛，总是轻轻扫过她的面庞，想起父亲的玳瑁匣中那台很大的老式自鸣表，记起那块黄色地毯，花枝图案的细布上隆起的一道道可爱的荷叶边，还有肯辛顿的树木和草坪。

参考书目

亚当斯：《亨利·亚当斯的教育：一部自传》，1918。

阿什莱：《H. J. 坦普勒与帕默斯顿的通信》，A. E. M. 阿什莱编，第二卷，1879。

布鲁姆菲尔德：《宫廷与外交生活回忆录》，乔治亚娜·布鲁姆菲尔德女士著，第二卷，1883。

布劳顿：《漫长生命的回忆》，布劳顿著，多尔切斯特女士编，第六卷，1909—1911。

巴克尔：《本杰明·迪斯雷利，比肯斯菲尔德伯爵的一生》，W. F. 莫尼彼尼与G. G. 巴克尔合著，第六卷，1910—1920。

布洛：《加布里埃尔·奉·布洛，1791—1887》，柏林，1893。

布森：《布森男爵回忆录》，他的妻子弗兰西斯·布森男爵著，第二卷，1868。

布施:《脾斯麦：历史的若干密页》，莫里茨·布施著，(英译本)第八卷，1898。

奇尔德斯:《休·C. E. 奇尔德斯的生平与通信》，第二卷，1901。

克莱伦登:《克莱伦登第四波觉得生平与通信》，赫伯特·麦克斯韦尔爵士著，第二卷，1913。

《康希尔杂志》，第 75 卷。

克劳福德:《维多利亚，女王和统治者》，艾米丽·克劳福德著，1903。

克里维:《克里维杂录》，赫伯特·麦克斯韦尔编，第二卷，1904。

克罗克:《克罗克杂录》，L. J. 詹宁斯编，第三卷，1884。

达夫尼:《阿尔伯特纪念馆：它的历史及细节》，J. 达夫尼著，1877。

达林:《H. J. 坦普勒，帕默斯顿子爵传》，达林爵士著，第三卷，1871—1884。

《英国名人大辞典》。

迪斯雷利:《乔治·本廷克爵爷：政治传记》，B. 迪斯雷利著，1852。

艾卡迪斯坦恩:《生活回忆与政治随笔》，艾卡迪斯坦恩男爵著，(德文本)第二卷，莱比锡，1919。

额涅斯特:《萨克斯·科堡·哥达二世回忆录》，(英译本)

第四卷，1888。

菲茨莫里斯：《格雷维尔伯爵传》，菲茨莫里斯爵爷著，第二卷，1905。

加斯克尔：《夏洛蒂·勃朗特传》，加斯克尔夫人著，第二卷，1857。

《少女时代》，《维多利亚女王的少女时代》，怀康特·艾歇尔编，第二卷，1912。

戈萨尔：《阿尔道夫·凯特来与萨克斯·科堡的阿尔伯特公子》，比利时皇家学院，布鲁塞尔编，（法文本）1919。

格雷维尔：《哈里特信札》，格雷维尔伯爵夫人著，第二卷，1894。

格雷维尔：《格雷维尔回忆录》，第八卷，（银色丛书本），1896。

格雷：《康索尔特亲王的早年生活》，查理·格雷将军著，1867。

哈雷：《查理·哈雷爵士的生平与通信》，其子编，1896。

汉密尔顿：《国会会议与思考》，乔治·汉密尔顿著，1917。

黑尔：《我的今生今世》，奥古斯都·黑尔著，第六卷，1896—1900。

海顿：《本雅明·罗伯特·海顿自传》，第三卷，1853。

海沃德：《著名政治家与作家小传》，A. 海沃德著，第二卷，1880。

休斯：《威廉四世的生平与当朝史》，罗伯特·休斯著，1837。

亨特：《旧王朝的边缘：肯辛顿回忆录》，第二卷，1855。

杰罗尔德：《早期宫廷》，《维多利亚女王的早期宫廷》，克莱尔·杰罗尔德著，1912。

杰罗尔德：《婚姻生活》，《维多利亚女王的婚姻生活》，克莱尔·杰罗尔德著，1913。

杰罗尔德：《孀居岁月》，《维多利亚女王的孀居岁月》，克莱尔·杰罗尔德著，1916。

金克莱：《入侵克里米亚》，A. W. 金克莱著，（内个版）第九卷，1877—1888。

奈特：《科妮莉娅·奈特小姐自传》，第二卷，1861。

劳顿：《亨利·里夫的生平及回忆通信》，约翰·劳顿爵士著，1898。

《日记摘录》，《高原生活日记摘录，1848—1861》，维多利亚女王著，A.赫尔普斯编，1868。

李：《维多利亚女王传》，西德尼·李著，1902。

莱斯利：《查理·罗伯特·莱斯利自传回忆录》，汤姆·泰勒编，第二卷，1860。

《书信集》，《维多利亚女王书信集》，第三卷，1908。

利芬：《利芬·多萝西娅公主在伦敦时期书信集：

1812—1834》，莱昂内尔·罗宾逊编，1902。

《伦敦信使》。

《可爱的阿尔伯特！》。

利特尔特：《利特尔特夫人，莎拉·斯潘塞通信集》，休·温德姆夫人编，1912。

马丁：《康索尔特亲王传》，希欧多尔·马丁著，第五卷，1875—1880。

马丁：《我所熟知的维多利亚女王》，希欧多尔·马丁著，1908。

马蒂诺：《哈里特·马蒂诺自传》，第三卷，1877。

麦克斯韦：《查理·默里爵士纪念册》，赫伯特·麦克斯韦著，1898。

《日记续抄》，《高原生活日记续抄，1862—1882》，维多利亚女王著，1884。

默利：《威廉·尤尔特·格莱斯通传》，约翰·默利著，第三卷，1903。

默里：《1803年至1837年回忆录》，艾米莉亚·默里著，1868。

《国家纪念册》，《亲王殿下国家纪念册》，1873。

尼尔：《铁道记忆》，乔治·P.尼尔著，1904。

欧文：《罗伯特·欧文的自传》，罗伯特·欧文著，1857。

欧文：《杂志》，《欧文理性季刊和杂志》。

巴拿马：《一个日耳曼公子及其受害者》，析出自《波林·巴南夫人回忆录》，1915。

《私生活》，《女王的私生活》，陛下侍从著，1897。

《季刊》，第193卷与第213卷。

罗伯森：《俾斯麦》，C.格兰特·罗伯森，1918。

斯科特：《私人与职业回忆录》，乔治·吉尔伯特·斯科特著，1879。

史密斯：《维多利亚女王传》，G.巴奈特·史密斯著，编自所有能获得的资料，1887。

未婚女士：《一位未婚女士的笔记》，1919。

斯坦：《德国宪法随想录》，G. H.裘兹编，第六卷，1848。

史多克玛：《克里斯丁·腓特烈·史多克玛男爵文选》，额涅斯特·奉·史多克玛编，布劳斯维克，1872。

泰特：《坎特布雷大主教阿奇柏德·坎贝拉·泰忒传》，第二卷，1891。

《泰晤士报》，《维多利亚女王传》，影印自《泰晤士报》，1901。

托伦斯：《梅尔本第二自觉威廉·兰姆回忆录》，W. M.托伦斯著，1890。

维兹顿：《1852年至1864年的圣彼得堡与伦敦》，维兹顿·艾克斯达特，男爵卡尔·腓特烈著，什图特加特，1886。

沃尔波尔:《约翰·拉塞尔爵爷传》，史宾赛·沃尔波尔著，第二卷，1889。

萨缪尔:《威尔博福斯·萨缪尔传》，其子 R. G. 威尔博福斯著，第三卷，1881。

威廉:《威尔博福斯·威廉》，第五卷，1838。

温:《贵妇日记》，法兰西丝·威廉斯·温小姐著，1864。